MON CAHIER

STOP SMOKING

CÉCILE BERTIN

ILLUSTRATIONS
SOPHIE RUFFIEUX (INTÉRIEUR)
ISABELLE MAROGER (COUVERTURE)

SOLAR
EDITIONS

SOMMAIRE

Introduction

Arrêter la cigarette est une des décisions les plus difficiles à prendre et pourtant, c'est l'une des plus importantes de votre vie ! En écrasant votre dernière cigarette, vous faites le meilleur choix pour vous !

Mais arrêter de fumer, c'est un vrai combat. Et parmi les plus grandes inquiétudes des femmes, la prise de poids semble incontournable. L'industrie du tabac a en effet réussi – à grand renfort de campagnes de communication – à associer la cigarette à un coupe-faim, sous-entendant que, si l'on y renonce, on grossit forcément… Mais avez-vous bien observé les fumeuses de votre entourage ? Font-elles toutes un 36 fillette ? Non, évidemment !

Avec ce cahier, vous allez réussir à arrêter de fumer sans prendre de poids, grâce au sport. Le but est simple : vous aider concrètement à passer les 8 premières semaines d'arrêt du tabac sans craquer ni faire basculer l'aiguille de la balance du mauvais côté.

Pourquoi le sport ? Parce qu'en plus de vous aider à vous tailler une silhouette de rêve, il vous permettra, grâce aux endorphines produites naturellement par votre corps, de ne pas flancher… On remplace les mégots par les abdos ! Mais bouger ne suffit pas… Grâce à des conseils en nutrition, simples à mettre en place, variés et surtout non restrictifs, vous reprendrez vraiment votre vie en main pour tenir sur la durée.
Pour le mental et le moral, des huiles essentielles SOS, des exercices de méditation, des relaxations faciles à pratiquer chez soi, au bureau et dans le métro vous permettront là aussi d'avoir toutes les armes nécessaires pour réussir à vous passer de votre envie d'en « griller une » à la moindre contrariété.

En 8 semaines, promis, le tabac ne sera plus qu'un lointain souvenir et vos nouvelles bonnes habitudes vous aideront à éliminer encore plus rapidement tous les effets négatifs de la cigarette sur votre corps. Libérée, pleine de vitalité et plus forte, vous serez fière de vous et de votre réussite !

Chapitre 1

Mon programme «stop smoking» : mode d'emploi

Pourquoi arrêter de fumer ?

Comme tout le monde, vous savez que fumer n'est pas bon pour la santé mais cette notion reste peut-être encore un peu floue pour vous… Il faut dire qu'à 20 ou 30 ans, vous n'avez pas réellement envie de penser à un futur qui vous paraît si lointain… Pourtant, la cigarette est un véritable poison au quotidien. Et c'est pour cela que vous allez arrêter de fumer, pour retrouver votre liberté, votre santé et même votre beauté !

J'arrête le tabac pour préserver ma santé

Sur plus de 4 000 substances chimiques inhalées par la fumée de cigarette, plus de 60 sont classées cancérigènes par le Comité international de recherche sur le cancer. Mais le tabac ne se contente pas d'attaquer les poumons, c'est tout le système cardio-vasculaire qui est touché. Au fil des années de tabagisme, les artères deviennent de plus en plus rigides. Cela peut mener à l'apparition d'un caillot de sang qui finira par obstruer l'artère et provoquer un infarctus du myocarde ou un AVC (accident vasculaire cérébral).

Du côté du système immunitaire, le mucus de nos poumons est attaqué par le tabac et ne fait plus son job, entraînant pneumonie et inflammations en tout genre, avec des crises d'asthme et autres réactions allergiques dont on oublie l'origine réelle. Et plus on commence jeune, plus les conséquences sont nombreuses.

Le cerveau des adolescents et des jeunes adultes est plus vulnérable aux substances psychoactives que le cerveau de l'adulte mature, les processus de maturation cérébrale se poursuivant jusqu'à environ 25 ans. Une zone précise du cerveau, le cortex préfrontal, qui permet

la prise de décision et l'adaptation du comportement à chaque situation, est la plus vulnérable. Quand on sait que cela peut générer des états dépressifs, c'est loin d'être un détail. La consommation de tabac peut donc entraîner un véritable mal-être (stress, manque, dépendance…), que l'on cherchera à compenser avec une nouvelle cigarette… la spirale infernale est en marche.
Le système digestif trinque également, plus exposé à des ulcères. Le foie, principal organe de nettoyage du corps, est forcément concerné. Avec le tabac, il est tellement mis à contribution qu'il s'épuise et si, un jour venu, vous avez besoin d'un traitement médical, il pourrait être altéré au point que vous ne puissiez réagir au traitement. La vessie est elle aussi fragilisée, plus susceptible de développer infections ou même cancer…

Pour une belle peau et un teint frais !

Avec le tabac, vous avez dit bonjour aux rides précoces, au teint terne et à la peau sèche ! La nicotine entraîne une diminution du nombre d'œstrogènes dans le sang (des hormones produites naturellement par l'organisme et qui disparaissent lors de la ménopause), favorisant un vieillissement prématuré de la peau, entre autres effets secondaires puisque celle-ci ne reçoit plus assez d'œstrogènes. Pour simplifier, on se retrouve à 30 ans avec la peau que l'on devrait avoir à 40 ! De nombreuses études médicales démontrent que les fumeuses ont 3 fois plus de rides profondes que les non-fumeuses. Et toutes les crèmes antirides du monde n'y pourront rien changer puisque le problème vient de l'intérieur. Cheveux blancs avant l'âge, ongles et dents jaunes… voilà les principaux inconvénients rencontrés par les fumeuses. Mais on garde aussi les gênes de sa période ado, puisque la cigarette peut engendrer des poussées d'acné ! Chouette programme.

Enfin, l'impact du tabac sur la peau est tel que certains chirurgiens plasticiens font de l'arrêt de la cigarette une des conditions à respecter avant une intervention, pour ne pas ralentir le phénomène de cicatrisation. Si le tabac n'est pas responsable à proprement parler des cancers de la peau (le soleil est le plus dangereux et l'écran total notre meilleur allié), on a déjà fait le lien entre le fait de fumer et de s'exposer en même temps au soleil, ces deux facteurs réunis augmentant les risques de cancer.

Et si on parlait de l'association pilule-tabac ?

Une étude de l'OMS (Organisation mondiale de la santé) montre que le risque d'infarctus du myocarde est multiplié par 11 en cas de tabagisme seul et par 87 lors de l'association tabac (> 10 cigarettes par jour) et contraception orale ! Un cocktail explosif !

Mannequin vedette et victime du tabac…
Christy Turlington, célèbre pour sa reconversion dans le monde du yoga et de l'humanitaire, après une carrière brillante en couverture de tous les magazines de mode, est aussi connue pour souffrir d'une forme précoce d'emphysème (dilatation excessive et permanente des alvéoles pulmonaires). Elle a été une fumeuse précoce et a subi un tabagisme passif dès la naissance, conséquence du tabagisme de son père décédé très jeune.

L'étude MEGA a démontré les effets dangereux de l'association pilule-tabac, avec des risques accrus de thrombose (ou phlébite, un caillot qui obstrue partiellement ou totalement un vaisseau sanguin, une artère ou une veine). La solution ? Arrêter la cigarette de toute urgence.

D'autres pathologies ont un lien ou sont aggravées par le tabagisme…
Gastrites, diabète de type II, hypercholestérolémie, hypertriglycéridémie, eczéma, psoriasis, lupus, infections ORL (nez-gorge-oreilles), infections dentaires et parodontite…

Pour boucler le dossier gynéco, le lien entre stérilité et tabac est maintenant clairement établi, que ce soit pour les femmes ou pour les hommes (et pour eux, cela va même amoindrir la qualité des spermatozoïdes, et la qualité de l'érection tout court).

J'arrête pour mon bien-être psychique

Vous avez déjà ressenti cette sensation : le tabac stimule votre mental et vous permet de rester éveillée. Vous avez du mal à vous concentrer, votre rythme cardiaque augmente, votre respiration aussi… Il suffit que vous fumiez une cigarette pour aller mieux, pour retrouver votre calme et votre concentration. Pour vous, la cigarette est comme une aide, un appui, alors que vos réactions sont uniquement le signe que vous êtes totalement accro et en manque. Votre dépendance a pris le contrôle de votre vie.

Cela ne s'arrête pas là ! Ce qui n'est qu'une simple dépendance à la cigarette devient souvent une multidépendance : aux tranquillisants et aux somnifères pour contrecarrer les effets du tabac sur le sommeil, mais surtout à l'alcool, lié lui aussi trop souvent aux soirées et événements festifs. Les quelques cigarettes sont forcément associées à quelques verres, et vous finissez maintenant vos soirées avec un paquet entier dans les poumons et le cerveau grisé par l'alcool. Pourquoi perdez-vous le contrôle ? Parce que votre dépendance est parfois plus forte que votre volonté… Parce que la cigarette a pris le contrôle sur vous.

Comment êtes-vous devenue accro ?

Le phénomène est très complexe mais une certitude existe : la nicotine est fortement impliquée dans le processus de dépendance. La nicotine libère la dopamine (voir encadré ci-dessous) dans une région précise du cerveau, le noyau *accumbens*. La consommation de tabac augmente la quantité de dopamine présente dans ce noyau, qui est responsable du phénomène de dépendance et vous pousse à allumer une autre cigarette. Vous n'êtes pas dépendante au tabac en tant que tel mais aux effets secondaires qu'il génère sur votre cerveau.

La nicotine est devenue « votre fournisseur privilégié » de dopamine. Habitué à un niveau de dopamine artificiellement élevé, le cerveau en demande plus que

La dopamine, c'est quoi ?
C'est une molécule qui transmet des informations entre les neurones. Quand sa production ou sa circulation est altérée, la communication entre les neurones est elle aussi altérée.

le niveau naturel. Or la nicotine finissant dans vos urines, votre cerveau réclame donc sa dose, avec une prochaine cigarette, puis une autre et encore une autre… Ce qui était au départ un choix de votre part devient alors une nécessité absolue dictée par votre cerveau, et votre volonté, votre libre arbitre sont eux aussi trompés et déjoués par la dépendance. Et vous vous retrouvez à chercher désespérément un tabac ouvert en pleine nuit. Oui, vous êtes bien accro !

Accro plus que d'autres ?

Nous sommes inégaux face à l'addiction. Il n'y a pas un terrain favorable mais des causes multifactorielles qui peuvent aboutir à une dépendance, des causes physiologiques, psychologiques et génétiques, mais aussi sociales et familiales, notamment quand on a grandi auprès de parents fumeurs. On ne peut pas réellement parler de « vulnérabilité de naissance », mais de « prédispositions » qui nous font réagir plus ou moins différemment lors des moments de stress. Cela peut commencer dans la cour du lycée où l'on ne se sent pas parfaitement intégrée et où l'on veut faire comme les copines, lors d'une rupture amoureuse ou le divorce de ses parents… Cela peut débuter lors de l'entrée dans le monde professionnel, où l'on se retrouve à fumer pour accompagner les nouveaux collègues au cours de la pause cigarette pour intégrer plus rapidement le groupe. Chacune trouvera sa façon de répondre à une souffrance passagère ou pas. Le problème dans cette histoire, c'est que la cigarette a été conçue par les industriels pour rendre dépendant le plus rapidement possible. Cette petite cigarette qui n'était destinée au départ qu'à vous aider de façon transitoire lors d'une crise ou pour vous donner plus d'assurance est devenue une addiction à part entière.

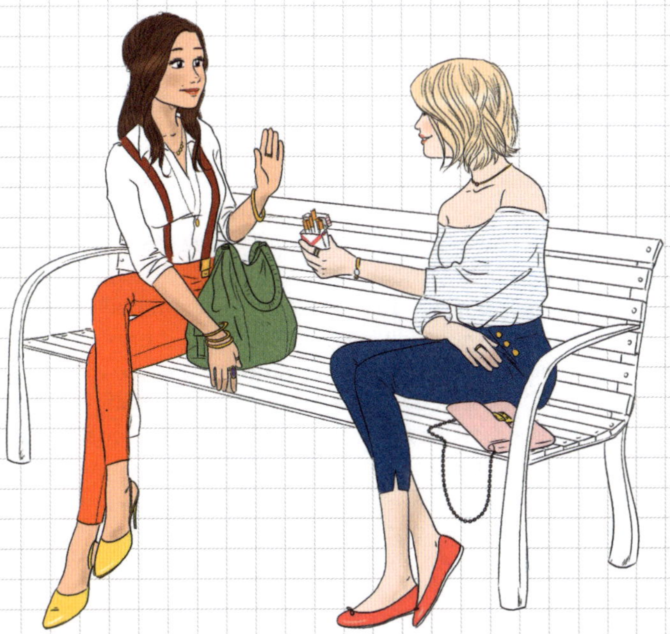

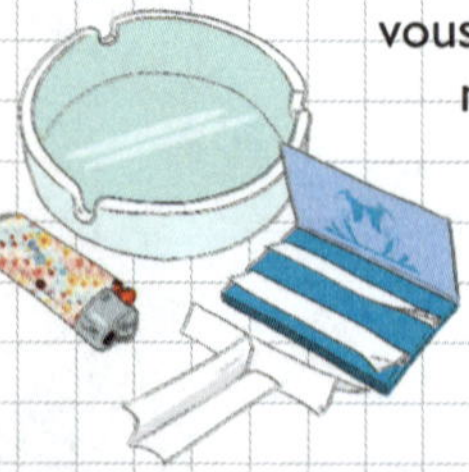

On ne pense pas aux deux versants de l'addiction. Du côté du cerveau, vous l'avez compris, c'est la nicotine qui dicte sa loi. Mais il y a également un versant psychologique qui est lié au comportement même de chaque fumeuse, à savoir toutes les étapes qui précèdent la consommation de la cigarette, comme sortir son paquet et son briquet, ou bien ses feuilles et son tabac en vrac lorsqu'on roule ses propres cigarettes… Ce sont des rituels rassurants pour votre cerveau, qui va enfin recevoir sa dose de nicotine, et qui font partie intégrante de l'addiction.

Ce versant « psy » lié au rituel *a priori* rassurant de la cigarette doit être pris en compte dans le processus de l'arrêt (voir p. 17 et 23). Mais, bonne nouvelle : le sport pratiqué de façon régulière procure naturellement au cerveau la dopamine dont il a besoin ! Vous allez ainsi renforcer votre sentiment de sécurité intérieure, vous sentir plus forte et motivée, tout en vous détachant de la cigarette !

J'arrête aussi pour retrouver ma liberté

Le tabac coûte cher, à votre porte-monnaie, mais il coûte aussi très cher à la société, en frais médicaux divers et variés, en arrêts maladie et autres.

Le tabac en chiffres

En France, 1/3 des femmes fument régulièrement. Aux USA et en Australie, pays où la lutte contre le tabac est réellement au centre des préoccupations, la consommation est tombée à 15 % et ne cesse de diminuer chaque année. Avec un paquet dont le prix se situe entre 16 et 20 $ en Australie, la cigarette est devenue un produit de luxe… Et l'interdiction de fumer dans les rues prise par des villes importantes comme Melbourne encourage encore plus l'arrêt, et surtout le fait de ne pas commencer à fumer.

Autre point, et non des moindres, les sociétés de tabac n'ont de cesse de trouver de nouveaux marchés afin de vendre encore plus de cigarettes. De façon totalement cynique, elles nous visent, nous les femmes, pour plusieurs raisons : nous développons une dépendance plus rapide que les hommes (étude Hill & Laplange – 2004), nous vivons plus longtemps et sommes donc susceptibles de fumer davantage sur la durée. Et cela n'est pas nouveau, puisque les premières campagnes de publicité destinées aux femmes sont apparues dans les années 1920. Déjà, les contrats de placement produits étaient d'actualité à Hollywood et les célèbres actrices de l'époque fumaient à l'écran. Leur meilleur slogan : « La femme libre est une femme fumeuse ! »

Après la guerre, l'industrie du tabac continue en lançant des cigarettes parfumées (les menthols, qui sont tout aussi addictives et nocives pour la santé que les autres) et ultra fines, baptisées du nom d'un célèbre magazine de mode… La femme chic et glamour se doit de fumer. Les marques sortent ensuite des paquets au doux nom évocateur : Allure, Corset… L'idée est simple : le tabac est l'allié minceur par excellence. Voilà comment, en quelques campagnes de publicité bien conçues, avec des partenariats bien placés, on arrive à imposer aux femmes l'idée que la cigarette est le symbole parfait de leur indépendance et de leur liberté… et – ô joie ! – elle va en plus les aider à obtenir la silhouette dont elles rêvent en secret, ce qui est totalement faux puisque la cigarette n'a jamais fait maigrir personne.

Maintenant, vous savez… Vous savez que vous avez pris la bonne décision en arrêtant définitivement de fumer et ce, sans avoir recours aux substituts que sont la cigarette électronique, les patchs et les Nicorette®. Certes, beaucoup vous diront que la nicotine n'est pas cancérigène (les études le prouvent), mais son rôle dans la cigarette est de vous rendre, par tous les moyens, totalement dépendante. Continuer à consommer de la nicotine par d'autres biais (patch, e-cigarette), c'est donc nourrir cette dépendance… À terme, les résultats sont meilleurs pour les personnes ayant arrêté sans substitut. Et si on vous dit que les patchs vous aideront à combattre les désagréments (tête qui tourne…) de l'arrêt du tabac, c'est seulement pour maintenir votre dépendance. De très bonnes méthodes naturelles existent pour éviter ça (aromathérapie, acupuncture…) !

Le programme proposé dans ce cahier va vous donner les armes pour commencer une nouvelle vie, où vous pourrez respirer à pleins poumons et, surtout, retrouver entièrement votre liberté !

Demandez le programme !

Composé de séances de sport, de conseils nutritionnels, de trucs et astuces pour ne pas craquer, ce programme est avant tout destiné à vous remettre en forme pour éliminer plus rapidement les effets néfastes du tabac.

En prime, vous allez vous chouchouter comme jamais et adopter une nouvelle hygiène de vie « feel good ».

On a toutes entendu parler un jour des endorphines naturelles que le corps produit en faisant du sport. Les scientifiques les qualifient même d'« opioïdes » car elles ont une action similaire à celle de l'opium ou de la morphine, c'est dire leur efficacité !

En stimulant naturellement leur production, l'arrêt du tabac n'en sera que plus facile puisqu'elles suppriment les sensations de dépendance et de manque.
En associant l'activité physique à un rééquilibrage alimentaire, grâce à des recettes simples mais équilibrées et surtout faciles à réaliser, vous aurez toutes les clés en main pour accélérer l'élimination des toxines accumulées dans votre organisme au fil des années. Semaine après semaine, vous saurez tout ce qu'il est bon de faire et de manger pour être en forme et oublier définitivement la cigarette !
Mais, surtout, après 2 mois, vous aurez acquis les connaissances nécessaires pour pouvoir choisir le sport et le mode alimentaire qui vous conviennent le mieux, seule garantie pour préserver votre nouvelle hygiène de vie et ne pas replonger !

Pour qui ?

Ce programme « stop smoking » s'adresse à toutes les personnes qui souhaitent reprendre leur vie en main, devenir enfin maîtres de leur forme, de leur santé et ce, quel que soit leur niveau sportif. Que vous soyez totalement débutante ne représente pas un frein pour suivre ce programme, qui est fait avant tout pour vous motiver et vous encourager à ne pas craquer pendant 8 semaines… Ce seront sans aucun doute les 8 semaines les plus incroyables de votre nouvelle vie sans tabac !

Pourquoi en 8 semaines ?

L'arrêt du tabac n'est pas une mince affaire, avec des hauts et des bas… Mais lorsqu'on a goûté au bonheur des endorphines, il est bien plus facile de ne pas craquer à nouveau ! Il s'agit de prendre de bonnes habitudes et 1 mois ne suffit pas à reprogrammer son cerveau ! Au bout de 8 semaines, on voit les premiers résultats, on mesure le chemin parcouru et cela nous motive pleinement pour ne pas replonger. 8 semaines et un nouvel équilibre au rendez-vous, sans parler de la transformation physique et mentale qui commence à s'opérer et qui, forcément, va vous inciter à continuer sur votre lancée en choisissant le sport qui vous convient le mieux.

Est-ce que je peux suivre ce coaching même si je n'aime pas le sport ?

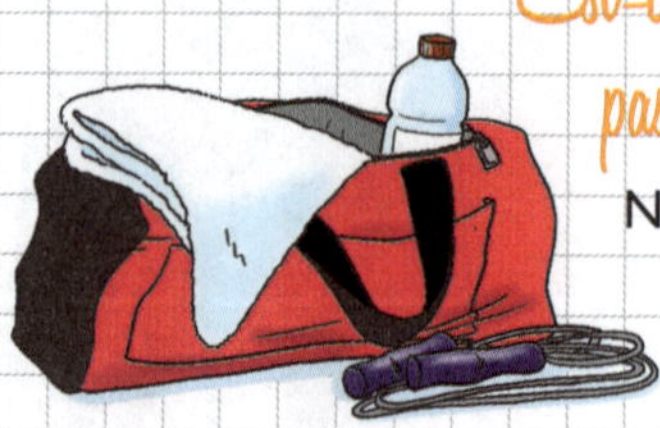

N'oubliez pas une chose primordiale : quel que soit votre niveau, faire du sport est bon pour la santé et pour le bien-être. Pas question de faire de vous une championne de marathon mais une femme épanouie qui prend soin de son corps et de sa santé ! Le sport fera partie intégrante de votre nouvelle vie, sans pour autant être synonyme de corvée. Ce sera votre moment à vous, votre atout antistress, votre routine feel good, votre mood booster, et vous verrez l'immense satisfaction que vous ressentirez lorsque vous aurez réussi votre pari !

Et après ?

Tout commence à la fin de ce programme… Les 8 semaines vécues sans cigarette vous auront montré qu'une vie sans tabac est possible, et vous permettront de vous projeter dans le futur en relevant de nouveaux défis. Un dossard pour votre première course ? Gravir le mont Blanc ou prendre votre première leçon de surf ? Ou mieux : aller visiter le pays qui vous fait rêver grâce à l'argent économisé par l'arrêt du tabac… C'est à vous maintenant d'imaginer votre vie sans tabac remplie de nouvelles aventures !

Ce programme se réalise idéalement sans patch, sans substitut, sans cigarette électronique. Le principe est de réellement arrêter tout ce qui se rapporte au tabac et à sa dépendance, sous toutes ses formes. Remplacer la première dépendance par une autre qui entretient exactement la même gestuelle – et surtout n'a absolument pas fait ses preuves côté nocivité – n'a aucun intérêt. L'Institut national du cancer, l'INCA, est très clair à ce sujet : « Il existe encore des incertitudes concernant son impact sur la santé, même si les effets irritants et/ou toxiques des composants de l'e-cigarette seraient inférieurs à ceux du tabac. »

Avertissement aux lectrices

Avant de vous lancer, vous devez prendre le temps de faire un bilan médical avec votre médecin généraliste qui est celui qui vous connaît le mieux. Faire un bilan sanguin peut s'avérer nécessaire pour vérifier votre taux de fer (ferritine), qui, s'il est vraiment trop bas, pourra éventuellement être traité par une supplémentation. Attention, s'il existe des pathologies cardiaques dans votre entourage proche (père, mère, frère, sœur), il est plus prudent de prendre rendez-vous chez un cardiologue ou un médecin du sport pour réaliser un électrocardiogramme d'effort afin d'être sûre que tout va bien de ce côté-là avant de vous lancer dans une activité physique nouvelle..

Test : Quelle fumeuse je suis ?

Avant de vous lancer dans l'aventure, il est toujours intéressant de faire un bilan complet de votre dépendance au tabac. Déjà, parce que cela peut vous permettre de réaliser à quel point vous êtes encore accro… En mesurant votre dépendance, vous mettez ainsi toutes les chances de votre côté, prenez réellement conscience de là où vous en êtes. Vous vous offrez donc une motivation supplémentaire pour tenir le programme d'arrêt du tabac ! Évidemment, ne trichez pas et répondez honnêtement aux questions suivantes…

Ce test est développé par l'Institut de santé globale de la faculté de médecine de Genève.

Indiquez par un chiffre entre 0 et 100 quel est votre degré de dépendance des cigarettes selon vous.

0 : je ne suis absolument pas dépendante
100 : je suis extrêmement dépendante.
0 – 20 (1 point)
21 – 40 (2 points)
41 – 60 (3 points)
61 – 80 (4 points)
81 – 100 (5 points)

Combien de cigarettes fumez-vous par jour en moyenne ?

0 – 5 cigarettes (1 point)
6 – 10 cigarettes (2 points)
11 – 20 cigarettes (3 points)
21 – 29 cigarettes (4 points)
30 et + cigarettes (5 points)

Combien de minutes séparent votre réveil et votre première cigarette ?

Plus d'1 heure (1 point)
31 – 60 minutes (2 points)
16 – 30 minutes (3 points)
6 – 15 minutes (4 points)
0 – 5 minutes (5 points)

Pour vous, arrêter définitivement de fumer serait…

Très facile (1 point)
Plutôt facile (2 points)
Plutôt difficile (3 points)
Très difficile (4 points)
Impossible (5 points)

Après quelques heures passées sans fumer, vous ressentez un besoin irrésistible d'allumer une cigarette.

Pas du tout d'accord (1 point)
Plutôt pas d'accord (2 points)
Plus ou moins d'accord (3 points)
Plutôt d'accord (4 points)
Tout à fait d'accord (5 points)

Vous êtes stressée à l'idée de manquer de cigarettes.

Pas du tout d'accord (1 point)
Plutôt pas d'accord (2 points)
Plus ou moins d'accord (3 points)
Plutôt d'accord (4 points)
Tout à fait d'accord (5 points)

Avant de sortir, vous vous assurez toujours que vous avez des cigarettes sur vous.

Pas du tout d'accord (1 point)
Plutôt pas d'accord (2 points)
Plus ou moins d'accord (3 points)
Plutôt d'accord (4 points)
Tout à fait d'accord (5 points)

Vous vous sentez prisonnière des cigarettes.

Pas du tout d'accord (1 point)
Plutôt pas d'accord (2 points)
Plus ou moins d'accord (3 points)
Plutôt d'accord (4 points)
Tout à fait d'accord (5 points)

Vous fumez trop.

Pas du tout d'accord (1 point)
Plutôt pas d'accord (2 points)
Plus ou moins d'accord (3 points)
Plutôt d'accord (4 points)
Tout à fait d'accord (5 points)

Il vous arrive de tout laisser tomber pour aller acheter des cigarettes.

Pas du tout d'accord (1 point)
Plutôt pas d'accord (2 points)
Plus ou moins d'accord (3 points)
Plutôt d'accord (4 points)
Tout à fait d'accord (5 points)

Vous fumez tout le temps.

Pas du tout d'accord (1 point)
Plutôt pas d'accord (2 points)
Plus ou moins d'accord (3 points)
Plutôt d'accord (4 points)
Tout à fait d'accord (5 points)

Vous fumez malgré les risques que cela engendre pour votre santé.

Pas du tout d'accord (1 point)
Plutôt pas d'accord (2 points)
Plus ou moins d'accord (3 points)
Plutôt d'accord (4 points)
Tout à fait d'accord (5 points)

Total des points des 12 rubriques :

....

Résultats

Jusqu'à 24 points	Dépendance modérée
Entre 25 et 44 points	Dépendance moyenne
45 points et plus	Dépendance forte

Pour information, le score moyen est de 44 points.

Dépendance modérée : c'est pour vous forcément que ce sera le plus facile. La cigarette est plus liée à vos habitudes, votre style de vie, parce que vous vivez entourée de fumeurs, qu'à une réelle dépendance physique. Intégrer la pratique du sport à votre quotidien, modifier votre façon de vous alimenter et rester motivée, ce sera simple pour vous, grâce au coaching de ce cahier, et vous verrez rapidement les résultats !

Dépendance moyenne : vous êtes plus accro à la nicotine que vous ne le pensez… Vous en avez besoin pour gérer votre stress, et elle est presque devenue votre béquille dans les moments où cela va mal. Concentrez-vous sur le programme sport et surtout sur les conseils de méditation et le yoga pour réussir votre objectif « zéro tabac ».

Dépendance forte : et si vous consultiez un tabacologue ou un addictologue en plus du programme ? Cela peut être une solution intéressante dans votre cas pour vous donner toutes les chances de réussir votre pari. Pensez au suivi facilité par téléphone grâce à Tabac Info Service… mais sachez que rien ne remplace le contact direct avec un thérapeute habilité qui saura vous défaire de votre dépendance !

Test : Quelle sportive je suis ?

Parce qu'on fait parfois beaucoup plus d'activités physiques qu'on ne le pense, il est temps de faire un petit bilan pour voir si vous avez déjà pris un peu d'avance sur le programme qui vous est proposé. Comme pour le tabac, répondez sans tricher !

Ce questionnaire est inspiré du test de Ricci et Gagnon de l'université de médecine de Montréal.

Mes activités physiques quotidiennes (travail, déplacements, domicile...)

Combien de temps passez-vous en position assise par jour (travail, télé, lecture...) ?

Plus de 5 heures (1 point)
4 à 5 heures (2 points)
3 à 4 heures (3 points)
2 à 3 heures (4 points)
Plus de 2 heures (5 points)

Combien d'heures par semaine consacrez-vous au ménage, bricolage, jardinage... ?

Moins de 2 heures (1 point)
3 à 4 heures (2 points)
5 à 6 heures (3 points)
7 à 9 heures (4 points)
Plus de 10 heures (5 points)

Combien de fois par jour vous déplacez-vous en marchant ou à vélo ?

0 (1 point)
1 (2 points)
2 (3 points)
3 (4 points)
4 et + (5 points)

Combien de minutes par jour consacrez-vous à la marche ou au vélo ?

Moins de 15 minutes (1 point)
15 à 30 minutes (2 points)
30 à 45 minutes (3 points)
45 à 60 minutes (4 points)
Plus d'1 heure (5 points)

Combien d'étages en moyenne montez-vous à pied chaque jour ?

Moins de 2 (1 point)
3 à 5 (2 points)
6 à 8 (3 points)
9 à 12 (4 points)
Plus de 12 (5 points)

Mes activités physiques de loisirs (sportives, récréatives...)

Pratiquez-vous des activités physiques de loisirs ?

Pas du tout (1 point)
Un peu (3 points)
Beaucoup (5 points)

Combien de fois par semaine ?

0 (1 point)
1 (2 points)
2 (3 points)
3 (4 points)
4 ou + (5 points)

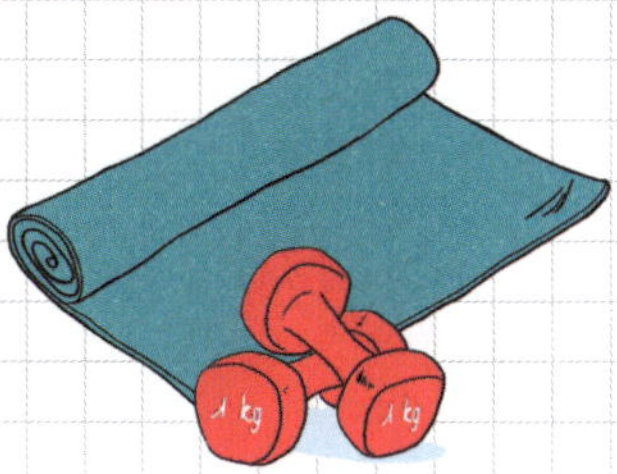

Avec quelle durée moyenne à chaque fois ?

0 (1 point)
Moins de 20 minutes (2 points)
20 à 40 minutes (3 points)
40 à 60 minutes (4 points)
Plus d'1 heure (5 points)

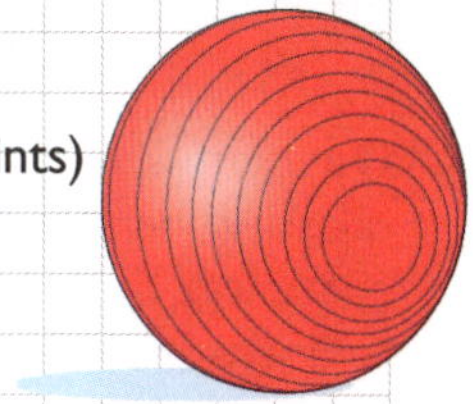

Avec quelle intensité en moyenne selon vous ?

0 (1 point)
Très faible (2 points)
Faible (3 points)
Modérée (4 points)
Forte (5 points)

Mon score :

....

Votre score est supérieur à 18 points :

Bravo, vous êtes considérée comme une personne active physiquement !

Alors, pourquoi avoir continué à fumer ? On entend trop souvent l'argument selon lequel avoir une activité physique régulière, tout en continuant à fumer, limite les risques de cancer et autres maladies... Mais c'est hélas totalement faux ! Arrêter de fumer vous permettra de profiter de tous les bienfaits de votre pratique sportive. Nos promesses ? Meilleures performances, endurance au top, mental de winneuse, silhouette gainée, nouveau lifestyle, nutrition healthy... vous avez tout à y gagner et vous ne regretterez pas d'avoir jeté votre dernier paquet avec nous ! Les méthodes green vous soutiendront dans votre décision.

Votre score est inférieur à 18 points :

Vous êtes considérée comme une personne sédentaire.

Votre corps dans sa globalité n'est pas assez sollicité alors qu'il en a grandement besoin. Forcément, l'arrêt du tabac pourrait engendrer chez vous une petite prise de poids.
Nos promesses : ce programme simple et facile à suivre est adapté à toutes, même à vous qui n'avez jamais fait de sport ! Il vous permettra avant tout d'arrêter la cigarette sans prendre de poids, mais aussi d'acquérir un nouveau corps plus fit !

Avant de vous lancer dans l'aventure...

Petite ou grande fumeuse, même combat

Quel que soit le nombre de cigarettes que vous fumez par jour, la question ne se pose pas, il vous faut arrêter. Même si vous vous contentez de deux ou trois cigarettes par jour avec un café, c'est toujours trop et bientôt votre corps vous le fera payer. Aussi, les risques de rechute sont forcément importants lorsqu'on continue à entretenir la dépendance. En effet, contrairement à ce qu'on pourrait penser, les « petites fumeuses » peuvent avoir beaucoup plus de mal à arrêter, notamment car elles se sentent moins coupables et associent souvent la cigarette à un réel moment de plaisir. Consommer des cigarettes 3 fois par jour augmente par 3 le « risque » de mourir d'une maladie cardio-vasculaire par rapport à une personne qui ne fume pas, soit une augmentation de près de 200 % !
Quel que soit le nombre de cigarettes consommées, suivre un programme organisé d'arrêt du tabac, c'est mettre toutes les chances de son côté… pour triompher !

Ça ne va pas être facile...

La dépendance est réelle, ne nous mentons pas, et les fabricants ont tout fait pour vous rendre accro en utilisant de multiples additifs. Mais rassurez-vous, quel que soit votre niveau de dépendance, vous allez y arriver !

Non, les patchs et autres cigarettes électroniques ne sont pas la solution...

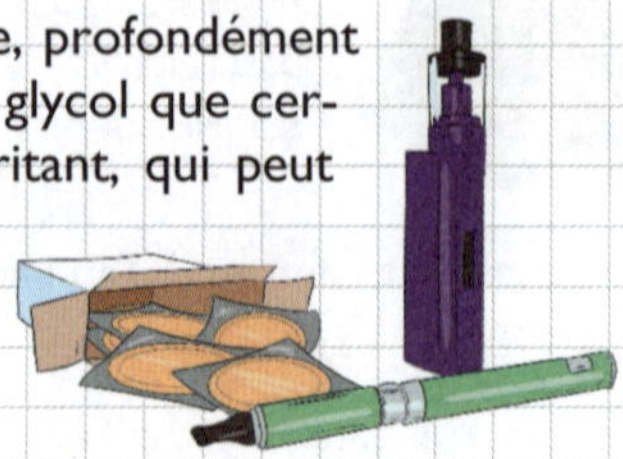

La cigarette électronique entretient la gestuelle de la fumeuse, profondément imprimée dans ses circuits neuronaux. De plus, le propylène glycol que certaines e-cigarettes contiennent est un solvant au pouvoir irritant, qui peut entraîner des effets neurologiques comparables à l'état d'ébriété ! Enfin, côté budget, vous avez tout à y gagner ! Vous pouvez aussi oublier le Champix®, un médicament beaucoup trop controversé pour prendre le moindre risque.

Vous pouvez vous faire aider !

Autant les produits chimiques sont à éviter, autant l'aide psychologique peut être nécessaire. Il est toujours bon de comprendre d'où vient l'envie de fumer. Prenez le temps d'analyser le contexte psychologique lié à votre dépendance (voir p. 23), et si vous n'y parvenez pas seule, n'hésitez pas à consulter un psychologue spécialisé dans les addictions.

Comprendre son addiction pour mieux la combattre

Fumer est un langage, une façon d'être et d'exister. Allumer sa première cigarette est souvent la première décision « d'adulte » pour un ado, une façon de sortir de l'enfance et de se définir en tant qu'être humain faisant partie d'un groupe, celui des fumeurs.

La cigarette devient une « amie », elle est là quand ça va mal, répond présente à chaque moment de stress ou d'ennui… Elle tient plus du doudou que du danger immédiat – dont on n'a pas vraiment conscience – et permet de souffler, voire de « reprendre son souffle » lorsque le tourbillon du quotidien ou l'environnement pro devient trop intense… Un comble quand on en connaît les effets néfastes ! C'est tout le paradoxe de la cigarette…

Cela va remettre en cause beaucoup de choses dans votre vie sociale…

Si vous vivez entourée de fumeurs, et si votre conjoint est lui-même fumeur, cela peut poser un problème. C'est le moment de le convaincre d'arrêter de fumer avec vous, pour vous aider à passer ce cap. On est toujours plus fort à plusieurs… alors embarquez vos amis dans l'aventure !

Oui, il pourrait vous arriver de craquer…

Avant de tout lâcher, il faut d'abord chercher à comprendre pourquoi le craquage a eu lieu, à quelle heure de la journée, l'événement qui l'a précédé. Comprendre pourquoi on craque afin d'éviter la « récidive », c'est le vrai secret.

Non, vous n'allez pas perdre 10 kg en 8 semaines !

Il s'agit d'un programme de sport qui consiste surtout à contrôler votre poids de forme. Vous allez en plus vous renforcer, vous affiner et vous gainer ! L'objectif principal de ce cahier : acquérir une hygiène de vie « good mood », gérer efficacement votre stress, augmenter votre power attitude, pour une nouvelle vie libérée du tabac.

Chapitre 2

Challenge 1re semaine

Je me prépare à dire bye bye à la cigarette !

1 semaine pour faire la transition : top départ !

Cette première semaine va être une remise à zéro de vos compteurs pour attaquer le programme sur de bonnes bases, que ce soit du côté sportif, nutritionnel mais aussi psychologique ! Vous allez mettre en place des astuces pour casser vos réflexes de fumeuse et vous décourager de fumer, vous allez réveiller votre corps et faire le tri dans vos placards de cuisine, histoire de laisser la place à vos futures habitudes saines. Considérez cette semaine comme un sas de décompression avant le grand plongeon (vous avez encore le droit de fumer, mais votre consommation devrait diminuer d'elle-même) ! À vos marques…

Je choisis la bonne date

C'est à vous de réfléchir et de choisir sur votre calendrier la bonne date, celle qui vous permettra de partir sur un bon pied et ultra motivée. Ça peut être une date symbolique : votre anniversaire, le 1er janvier, votre premier jour de vacances d'été… Un moment suffisamment fort pour vous motiver et qui ait un réel sens pour vous.

Je note la date que j'ai choisie et je précise pourquoi :

- ……………………………………………………………
- ……………………………………………………………
- ……………………………………………………………

La première semaine sera une phase de transition, vous pouvez fumer mais vous serez tellement occupée à préparer l'arrêt du tabac que vous allez ralentir sans même vous en rendre compte.

Je revisite mon appart

Il va falloir faire place nette chez vous avant de commencer la détox de votre corps ! Alors on jette tous les cendriers, tous les briquets, tout ce qui se rapporte de près ou de loin à la cigarette ! Autre petit truc qui vous aidera même si ce n'est pas drôle à faire sur le moment : un grand nettoyage de printemps. Il est temps que votre appartement sente bon le propre et non le tabac froid ! Rideaux, housses de coussin, tissus en tout genre… tout doit passer à la machine ! Vous pouvez même aller plus loin en réorganisant les pièces pour casser vos habitudes et vos réflexes. Le cendrier posé sur la petite table du salon va forcément disparaître et le petit meuble où vous posiez vos cigarettes machinalement va changer de place, histoire de changer vos vieilles habitudes. Tout est bon pour vous aider à réussir votre défi, et surtout briser les rituels en les remplaçant par d'autres, meilleurs pour votre santé. Certains fumeurs réalisent avec surprise qu'ils fument moins, simplement en arrêtant de boire un café après le déjeuner et en se contentant de le remplacer par un thé, par exemple. Sachez-le : en changeant un rituel, vous cassez la multitude d'autres rituels qui y sont associés.

Comment faire en pratique ?

Commencez par identifier tout ce qui fait partie de votre vie de fumeuse, en observant votre journée, de la première à la dernière cigarette.

Posez-vous ces questions : à quel moment et où fumez-vous votre première cigarette ? Dans quel contexte exactement ? Cela relève-t-il du réflexe parce que le paquet est là sous vos yeux comme tous les matins, à la même place, ou cela d'un réel besoin physique ?

Les cigarettes fumées entre collègues à la pause sont-elles de votre propre initiative ou de celle de vos collègues qui vous invitent à vous joindre à eux ?

Pendant une semaine, notez et évaluez sur un petit carnet la réelle motivation qui se cache derrière chaque cigarette : besoin, réflexe, habitude, convivialité…

Cela vous permettra d'évaluer tout ce qui relève du rituel pour mieux vous y attaquer dès le début du programme.

Notez ici les cigarettes « réflexe » (dont vous pouvez plus facilement vous passer) comme celle après le déjeuner, la pause café…

Notez ici les cigarettes liées à un « besoin » ou une « dépendance » comme souvent la première du matin...

Je prépare mon entourage au changement

Le soutien et l'adhésion de votre entourage est capital. Même si, bien entendu, c'est vous et vous seule qui allez choisir d'arrêter le tabac, vous serez plus forte si votre entourage vous soutient à 100 % au quotidien. Évidemment, votre compagnon ou vos amis proches vont tenir un rôle essentiel parce qu'ils sont présents à vos côtés. Si votre petit ami est fumeur lui aussi, c'est le moment de lui proposer un arrêt simultané, histoire d'être deux à affronter ces prochaines semaines plus sereinement. Et s'il refuse de se joindre à vous, soyez dorénavant implacable sur le respect de votre espace non fumeur ! Il en va de même pour vos amis.

Pensez aussi à annoncer la date de votre sevrage, avec, pourquoi pas, une petite soirée pour fêter ça ensemble, afin de donner un côté festif à cette grande décision !

Je m'entoure d'amis pour réussir mon pari

Et si vous motiviez votre meilleure amie à vous suivre dans l'aventure ? Ce peut même être une amie non fumeuse qui souhaite elle aussi reprendre sa santé en main en commençant les exercices et le plan d'entraînement sportif avec vous. Cela marche également pour l'alimentation ! Trouver une alliée qui a envie de réviser sa façon de manger et qui sera ravie de vous accompagner au marché ou d'aller tester le nouveau restaurant heathly du quartier, c'est tout de suite plus sympathique !

J'enregistre un numéro d'urgence sur mon téléphone

Pour ne pas succomber à la tentation du tabac, il vous faut du soutien, une personne à qui parler, qui saura trouver les mots pour vous motiver et vous empêcher de craquer. Cela peut être une amie qui est passée par là et qui sera ravie de vous aider à réussir votre pari ou un membre de votre famille qui deviendra votre « ange gardien ».

Si vous n'avez personne qui puisse remplir ce rôle autour de vous, vous pouvez aussi tout simplement vous adresser aux tabacologues de Tabac Info Service qui assurent une permanence téléphonique du lundi au samedi, de 8 à 20 heures. Il suffit pour cela d'appeler le 39 89.

Environ 73 % des personnes interrogées estiment que le soutien téléphonique prodigué par ce service les a aidées dans leur démarche de sevrage, alors n'hésitez pas à les contacter !

Je me prépare mentalement

Et si vous commenciez tout de suite par un exercice de sophrologie, une méthode de bien-être, de détente et de gestion du stress, pour vous préparer psychologiquement à l'arrêt complet ?

Le matériel : un enregistreur, celui de votre portable sera très bien l'affaire.

La préparation : prenez le temps de réfléchir aux raisons de votre arrêt, vos motivations personnelles, profondes ou pas d'ailleurs : peur d'avoir un cancer, envie de faire des économies, d'arriver à grimper deux étages sans perdre votre souffle… Il est important de bien cerner vos attentes. Vous pouvez les écrire pour les visualiser.
Imaginez ensuite votre vie sans tabac, verbalisez-la. N'ayez pas peur d'être ridicule, c'est pour vous et uniquement pour vous que vous le faites. Songez à votre nouvelle condition physique, aux soirées sans tabac que vous pourrez vivre, etc.

La réalisation : enregistrez votre texte, vos notes. Chaque jour de cette semaine de préparation, prenez le temps de réécouter cet enregistrement, dans le métro, en allant au travail ou en voiture, le matin… En bref, quand vous le voulez, mais faites-le au moins une fois par jour. Cette projection idéale vous servira pendant toute la période de sevrage et même après, si un jour vous vous sentez sur le point de craquer…

J'établis la liste de mes envies…

Ou plutôt la liste de ce qui, aujourd'hui, vous motive à arrêter le tabac. Voilà ce que vous devez commencer par faire pour ne jamais oublier ce qui, un jour, vous a décidée.
À afficher où vous le souhaitez ou à vous répéter tels des mantras…

Je vais être plus libre

Fini, les envies compulsives, vous pourrez être plus zen partout et dans toutes les situations !

Je vais me réconcilier avec mon banquier…

Parce que oui, fumer a un coût qui augmente de plus en plus et finalement vous prive de pleins de rêves et projets qui vous font envie. À vous, la cagnotte spéciale soldes, voyages, massages…

Je vais mieux respirer

Vous en avez assez de ne pas réussir à grimper sans vous essouffler les deux étages qui vous séparent de la cafétéria le jour de la révision de l'ascenseur au bureau ? Pas d'inquiétude, dans quelques semaines, vous pourrez les gravir en courant et bientôt envisager une course de 10 km ! Et toc !

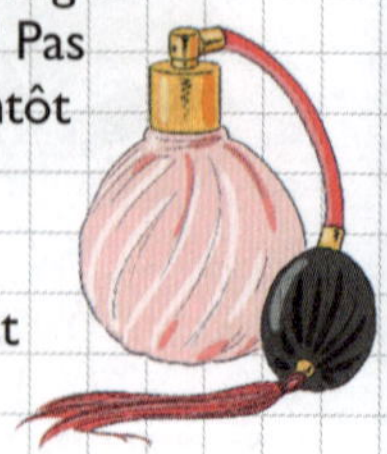

Je vais à nouveau sentir bon et être fraîche

Plutôt que votre dernier parfum, vous sentez le tabac froid, dommage, non ? Il est temps de retrouver le bonheur de sentir bon et d'être fraîche, tout simplement.

À vous de compléter la liste !

....

....

....

....

....

....

....

....

....

....

Adieu, les dents jaunes et l'haleine fétide du matin…

On le sait, la cigarette n'est pas la meilleure alliée pour les dents, dont elle accélère même le déchaussement.

Bonjour aux mains de princesse…

Eh oui, on oublie trop souvent que si la cigarette jaunit les dents, elle jaunit aussi les ongles, qu'elle fragilise par la même occasion. Adieu, le tabac et vive la french manucure naturelle sans taches jaunes au bout des doigts !

Et à la peau de bébé…

Votre peau est plus terne, elle a perdu en élasticité et jauni ? Heureusement que vous avez pris la bonne décision d'arrêter de fumer !
Vous allez faire peau neuve !

Je me motive !

Rappelez-vous que, dès que vous aurez écrasé votre dernière cigarette, votre corps va vous remercier !

20 minutes après la dernière cigarette : la tension artérielle revient lentement à la normale. Le pouls ralentit et le cœur se porte déjà mieux. La circulation sanguine s'améliore : les mains et les pieds sont déjà moins froids.

8 heures après : la quantité de monoxyde de carbone dans le sang diminue de moitié. L'oxygénation des cellules redevient normale.

24 heures après : le risque d'infarctus du myocarde diminue. Les poumons commencent à éliminer le mucus et les résidus de fumée. Le corps ne contient plus de nicotine.

48 heures après : le goût et l'odorat s'améliorent. Les terminaisons nerveuses gustatives commencent à repousser.

72 heures après : respirer devient plus facile. Les bronches commencent à se relâcher et on se sent plus énergique.

Du côté psy...

Vive la liberté !

En prenant la décision d'arrêter de fumer, on remet bien souvent en cause les attitudes et habitudes acquises au moment de son adolescence ou de sa vie de jeune adulte. S'occuper de soi et de son avenir devient alors plus important qu'imiter son entourage, par exemple. C'est une première étape essentielle pour devenir adulte et autonome.

Trop de fumeuses donnent à la cigarette une toute-puissance qu'elle n'a pas : elle peut tout calmer, elle rassure et fait croire qu'on est plus forte face à l'adversité. En réalité, elle reste un poison qui étouffe toute émotion naturelle. En arrêtant le tabac, on décide de vivre pleinement, sans la béquille émotionnelle que représente chaque cigarette, en cessant de se cacher derrière un nuage de fumée. Bref, on ose être pleinement soi-même…

Mon programme en un clin d'œil

Mes séances de Pilates et de renfo musculaire : à faire 4 fois par semaine, durant 30 minutes (voir p. 30).

Ma méditation, durant 3 minutes (voir p. 24) : tous les matins dès le réveil, à renouveler si besoin le soir avant le coucher.

Mon bilan nutritionnel et émotionnel : à noter tous les jours sur le support de votre choix (carnet, applis…, voir p. 27).

Chaque soir, prenez quelques minutes pour faire un point par écrit sur le déroulé de votre journée et identifier les moments qui ont posé problème lors de l'arrêt de la cigarette, afin de pouvoir les anticiper les jours suivants.

Routine matin : je me mets dans un good mood !

Il est grand temps de remplacer une routine délétère pour votre santé, à savoir allumer votre première cigarette de la journée, par une autre bénéfique pour votre corps et votre esprit !

Durée : pour toute la durée du sevrage et idéalement le reste de votre vie sans tabac !
Quand : à faire chaque matin !

Je médite chaque matin pour bien commencer ma journée

La méditation va vous aider lors de votre sevrage tabagique, car c'est avant tout un temps de présence à vous-même que vous vous offrez. Consacrer quelques minutes à votre bien-être psychologique est la première pierre sur laquelle vous allez construire votre nouvelle vie sans tabac. Privilégiez cette méditation le matin, surtout si vous aviez l'habitude d'allumer une cigarette dès votre réveil…

Comment faire ?

Voici un exercice très simple à réaliser le matin au lever sans devoir pour autant vous réveiller à l'aube…

- Programmez votre réveil 5 minutes avant votre heure habituelle.
- Choisissez une musique de relaxation qui vous permettra de vous éveiller en douceur et en pleine conscience.
- Assise ou allongée, en fonction de l'endroit où vous êtes, fixez un point devant vous.
- Comptez jusqu'à 3 et fermez les yeux. Adoptez une respiration lente et profonde. Sentez les muscles de votre visage se détendre.
- Relâchez les muscles du front, les muscles autour des yeux, desserrez les dents, décrispez les mâchoires. Votre langue se pose librement dans votre bouche, qui s'entrouvre légèrement. Prenez conscience de votre visage totalement relâché.
- Relâchez les muscles du cou, libérez les vertèbres cervicales. Votre respiration se fait régulière et est calme. Vous prenez conscience de l'oxygène qui pénètre votre corps et le purifie.
- Relâchez les muscles des bras, le haut des épaules jusqu'au bout des doigts.
- Prenez maintenant conscience de votre dos, de votre colonne vertébrale qui doit être droite, des muscles de chaque côté, qui se détendent un à un, de haut en bas. Vos tensions disparaissent les unes après les autres.
- Prenez conscience de votre respiration, du mouvement de vos poumons qui se soulèvent doucement, de votre cœur qui bat. Votre ventre lui aussi se détend, doucement.
- Prenez ensuite conscience du sang qui circule dans vos jambes jusqu'à vos pieds, accompagnez-le par la pensée. Soyez attentive à chaque partie de votre corps qui touche le sol si vous êtes allongée ou est en contact avec la chaise si vous êtes assise.

Vous pouvez maintenant compter jusqu'à 3 et rouvrir les yeux. Prenez quelques secondes pour réintégrer votre environnement en continuant à respirer tranquillement. Voilà, vous êtes prête pour attaquer votre journée en toute sérénité !

Lorsqu'on sait qu'il ne faut que 3 minutes pour que passe une envie de fumer, cela vaut la peine de réaliser cet exercice de méditation au réveil… voire à tout moment de la journée !

Je commence ma journée avec un booster

Après votre méditation, buvez un verre d'eau tiède (additionnée ou non d'un peu de jus de citron) selon les principes de la médecine chinoise afin de réveiller en douceur le système digestif et réhydrater votre corps qui en a grandement besoin après une nuit de sommeil. Vous voilà prête à commencer votre journée sans tabac !

Je fais un bilan nutritionnel et émotionnel

Chaque soir, prenez quelques minutes pour faire un point par écrit sur le déroulé de votre journée, les aliments que vous avez mangés, vos fringales et identifier ainsi les moments qui ont posé problème (nourriture « doudou » qui pallie les envie de tabac par exemple), afin de pouvoir les anticiper les jours suivants. Notez tout chaque jour sur le support de votre choix (carnet, applis…, voir p. 26-27).

Je m'équipe !

Non, on ne fait pas du sport avec un vieux pantalon de jogging informe retrouvé au fond du placard, un t-shirt en coton et une paire de converse… On s'équipe simplement mais efficacement avec une tenue de fit-girl qu'on a envie d'enfiler pour se bouger.

Le kit de base

- **Une paire de chaussures** choisie et essayée en magasin, pas en 5 minutes mais en prenant bien le temps de trouver celles qui vous iront vraiment et correspondent à votre façon de courir – et pas à celle de votre meilleure amie… Vous ne devez ressentir aucune gêne !
- **Un short** pour l'été, un pantalon capri ou un collant long pour l'hiver, en matière technique pour ne pas transpirer.
- **Un t-shirt manches courtes** pour l'été, manches longues pour l'hiver (le mérinos fait des miracles pour ne jamais avoir froid) et une paire de manchons pour les bras, parfaits pour la mi-saison.
- **Une veste coupe-vent et imperméable** pour ne pas se trouver de mauvaises excuses et courir quel que soit le temps dehors.
- **Des gants, un bonnet, un bandeau en polaire** pour l'hiver, c'est le secret pour ne jamais avoir froid.
- **Une paire de chaussettes spécifiques** pour le running, pour éviter les ampoules, et un tube de crème anti-frottements pour être vraiment sûre que tout se passe bien lors des premières sorties.
- **Et un vrai soutien-gorge de sport !** Là aussi, essayez-le en magasin pour être sûre d'avoir le bon modèle, certains taillent différemment des marques de lingerie classique. Si on a une poitrine généreuse, on fonce vers Anita ou Shock Absorber. Pour les plus petites poitrines, la brassière peut s'envisager sans problème.

Et du côté high-tech on fait quoi ?
On est toutes équipées de smartphones et il existe de nombreuses applications, gratuites ou pas, pour comptabiliser ses kilomètres, suivre ses progrès et ainsi rester ultra motivée. Decathlon, Adidas, Nike… Ils proposent tous leur version, à vous de trouver celle qui vous convient le mieux. On peut évidemment s'équiper d'une montre spécifique avec une ceinture cardio pour s'assurer de courir au bon rythme. Aujourd'hui, il existe même des montres avec le cardio intégré, mais veillez à les essayer avant achat. Elles doivent être relativement serrées pour être efficaces et les bracelets ne sont pas toujours compatibles avec nos poignets fins… Garmin, Polar, Suunto, Decathlon, vous avez l'embarras du choix, des modèles, et surtout des prix !

Nutrition : mes points forts et mes points faibles

Avant de changer ses habitudes alimentaires, il est bon de prendre le temps de voir ce qui va et ce qui ne va pas. Le tabac est synonyme d'addiction et, parfois, sans qu'on le réalise, on souffre aussi d'addictions alimentaires qu'il faut rapidement identifier pour les différencier des habitudes. Et le plus simple pour cela est de sortir un petit carnet et d'y noter tout ce que vous mangez, même ce qui vous semble insignifiant… N'hésitez pas à noter également les heures où vous avez envie de fumer, cela vous aidera à percevoir le lien qui existe entre une envie et la nourriture : vous êtes en réunion, impossible de fumer, vous craquez sur les gâteaux posés au

milieu de la table… Ou vous avez repris un café mais en réalité vous aviez une envie irrépressible de fumer une autre cigarette et il vous fallait une excuse… Vous prendrez le temps d'analyser chaque soir les moments où vous avez craqué, de faire le lien, pour chaque situation, entre vos compulsions (sucrées ou salées), votre niveau de stress et les habitudes qui vous rendent accro… Bref, vous allez prendre conscience de toutes vos mauvaises habitudes !

Je note tout !

C'est un peu fastidieux, mais c'est la meilleure façon pour savoir exactement ce que l'on mange sur une journée. Profitez de cette première semaine de transition pour noter sur un petit carnet tout ce que vous mangez. Et quand je dis tout, cela comprend aussi le cappuccino ou le carré de chocolat, le soir avant d'aller vous coucher ! Bref, tout ce que vous grignotez, même en dehors des repas, notamment les aliments qui vous servent à remplacer vos envies de cigarette sans que vous en ayez conscience. Pensez par exemple à la « pause cigarette » au bureau entre collègues que vous allez peut-être remplacer par une « pause gâteau ou café très sucré ».
Il existe aussi des applications qui transforment votre smartphone en carnet de bord et en calculette à calories très pratiques. À vous de voir ce qui vous semble le plus simple pour être sûre de tenir au moins 5 jours.
Ce bilan va servir de base à votre réflexion pour réaliser à quel moment votre alimentation pallie l'envie compulsive de fumer une cigarette…

Mon carnet de bord nutritionnel… et émotionnel !

	Tout ce que j'ai mangé	Est-ce que la consommation de certains aliments a remplacé une envie de cigarette ?
Jour 1		
Jour 2		
Jour 3		
Jour 4		
Jour 5		
Jour 6		
Jour 7		

Les meilleures applications pour compter ses calories
1. FatSecret : gratuite, elle permet de garder une trace de votre alimentation, avec un comptage précis des calories et des différents macro-nutriments. On peut scanner les codes-barre avec son téléphone.
2. MyNetDiary : même principe que la première. Attention, elle n'est pas toujours très précise sur les valeurs nutritionnelles.
3. MyFitnessPal : elle peut se coupler avec des trackers de marche ou des applications liées à des GPS pour faire le compte des calories ingérées et de celles dépensées.
4. Yazio : en plus du sport et de la marche, elle inclut même le ménage et le jardinage comme activités pour le comptage des calories !

Je sors mon chrono

Autre élément indispensable que l'on a souvent tendance à négliger : le temps passé à prendre ses repas. Tous les nutritionnistes le disent : il faut apprendre à manger calmement. La régulation des aliments ingérés, la perception de leur quantité, l'évaluation du taux de sucre par l'organisme, toutes ces informations sont analysées au bout de 20 minutes par le cerveau. Donc, en deçà, votre corps ne sait pas qu'il reçoit de la nourriture.

Mais évidemment, cela ne veut pas dire qu'il faille manger sans interruption pendant ce temps imparti ! Cela veut juste dire qu'il faut apprendre à mastiquer, à respirer, à apprécier, bref à manger lentement, en profitant de l'instant présent. Chronométrer vos repas vous permettra, dans un premier temps, de réaliser si oui ou non vous êtes dans les clous ou si vous devez procéder à quelques changements salutaires.

Le grand nettoyage dans ma cuisine !

Pour éviter la tentation alors que vous attaquez le nettoyage de vos poumons, il faut commencer par nettoyer votre maison ! Et plus particulièrement vos placards qui regorgent certainement d'aliments qu'il faudra dorénavant éviter.

Je jette…

- Tout ce qui est déjà préparé avec des étiquettes longues comme le bras…
- Les charcuteries sous vide et autres taramas, trop gras, trop salés.
- Les pains de mie et autres pains industriels, beaucoup trop sucrés et remplis de conservateurs.

Les additifs alimentaires sont soupçonnés pour certains d'être cancérigènes et pour d'autres bourrés de perturbateurs endocriniens… Hélas, ces additifs ont aussi un impact sur nos hormones, et donc finalement sur notre prise de poids. Foncez donc vers le bio, mais le bio non transformé, sinon ça ne sert à rien. Privilégiez toujours les produits non transformés. Cuisiner, ça n'est pas si compliqué et c'est tellement meilleur pour la santé !

- Les sauces en tout genre avec du sucre ou autres édulcorants…
- Les céréales du petit déjeuner méga sucrées.
- Les pâtes à tartiner hormis certaines bio ou faites maison, moins sucrées !
- Les sodas et autres sucreries… trop sucrés et synonymes de dépendance.

Je garde…

- Les pâtes, mais complètes ou associées à d'autres céréales, contenant du magnésium pour mieux gérer son stress de façon naturelle.
- Les céréales en tout genre et du riz thaï ou basmati, complet ou semi-complet, qui sont riches en tryptophane, un acide aminé précurseur de la sérotonine connue pour ses vertus relaxantes, très importantes pour gérer le stress.
- Le porridge et müesli maison, qui contiennent beaucoup moins de sucre que ceux tout faits du commerce.
- Le pain complet ou au levain, bio forcément.
- Les fruits secs pour des encas sains, comme des amandes, des noisettes ou des noix, riches en vitamines et oligoéléments, parfaites pour combler les fringales.
- Quelques légumes surgelés qui serviront de base aux soupes ou purées rapides si vous n'avez vraiment pas le temps d'acheter des produits frais.
- Les épices en tout genre pour parfumer tous vos plats et apporter un maximum d'antioxydants qui protègent nos tissus contre l'agression des radicaux libres que votre nouvelle pratique sportive plus intensive va engendrer.

Je trouve d'urgence…

1. Un blender ou un mixeur pour faire des soupes maison, hyper faciles et tellement meilleures que celles toutes faites du supermarché. Un mixeur plongeur ne prend pas de place et ne coûte pas cher.
2. Des couteaux bien aiguisés pour enfin s'amuser et redécouvrir le bonheur des fruits et légumes frais sous toutes leurs formes.
3. Des poêles antiadhésives pour limiter l'ajout de matière grasse.
4. Une mandoline avec l'option « julienne » pour râper des carottes, émincer des concombres ou faire des spaghettis de légumes sans avoir à sortir la grosse artillerie !

Je chouchoute mon corps

On se prépare ! Vous allez maintenant vous occuper de vos muscles pour réveiller la sportive qui sommeille en vous et préparer au mieux votre corps pour la suite du programme ! Rien de mieux pour commencer que de tester le Pilates !

Mon matériel
Un tapis de yoga
Une bouteille d'eau pour m'hydrater
Une tenue confortable
Si possible un miroir pour pouvoir me corriger

Le Pilates pour commencer...

Cette méthode d'entraînement s'inspire à la fois du yoga, de la danse et de la gymnastique et vous permettra avant tout de remettre votre corps en route, de l'assouplir et de le renforcer avant d'attaquer la suite du programme, plus intense.
Le Pilates se pratique chez soi au sol, sur un tapis, ou en salle, avec parfois l'aide d'appareils spécifiques pour des exercices plus poussés en présence d'un coach. Mais la méthode n'en reste pas moins très efficace à la maison sur un tapis de sol.

Durée : 20 minutes
Quand : 4 fois par semaine, avant la séance de renforcement musculaire (voir p. 32), le matin ou le soir avant le repas, en fonction de votre emploi du temps.

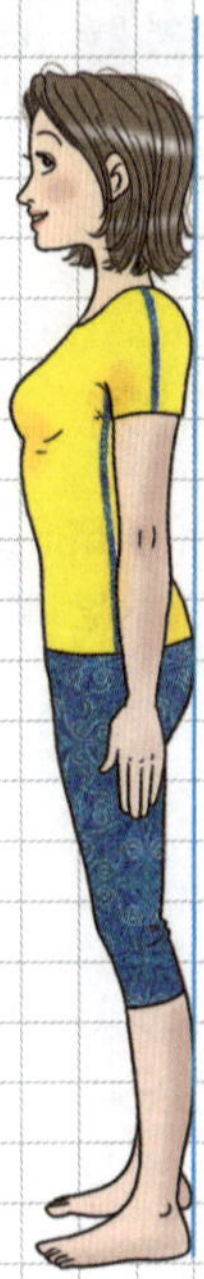

L'alignement debout pour prendre conscience de ses appuis

Objectif : s'autograndir, rechercher l'équilibre et la stabilité.

Let's go ! Mettez-vous dos au mur, pieds nus parallèles, les jambes écartées de la largeur du bassin. Imaginez que, telle une marionnette, un fil vous tire vers le haut, comme pour vous grandir. Vous devez ressentir vos talons, vos fesses, le haut de votre dos ainsi que vos épaules et l'arrière de votre tête en contact avec le mur. Maintenant que vous êtes en position, prenez conscience de la répartition du poids de votre corps qui doit être la plus homogène possible. Vos jambes sont tendues mais vos genoux doivent rester relâchés. Respirez doucement en gardant la tête bien droite et le menton parallèle au sol. Inspiration après inspiration, restez attentive à votre corps qui se grandit naturellement.

Durée : tenez la position 1 min.

L'enroulement de la colonne pour assouplir sa colonne et relâcher les tensions

Objectif : prendre conscience de sa colonne vertébrale, de son rôle primordial dans les postures quotidiennes pour ne plus se blesser. Dérouler ses articulations avec fluidité en relâchant toutes les tensions.

Let's go ! En gardant la même position, inspirez et baissez le menton vers le sol en allongeant la nuque. Les bras sont relâchés eux aussi. En expirant, enroulez doucement la nuque, puis la colonne vertébrale jusqu'à avoir le dos rond. Petit à petit, rapprochez les mains du sol. Si vous arrivez à toucher le sol sans fléchir les jambes, c'est parfait. Si ce n'est pas le cas, aucune inquiétude, séance après séance, la souplesse viendra. Remontrez doucement le buste en déroulant la colonne vertèbre après vertèbre.

Combien de fois ? 3 fois de suite.

L'équilibre pour trouver son « assise »

Objectif : prendre conscience de son corps et sentir les muscles qui sont engagés dans le maintien de la posture.

Let's go ! Reprenez la position de l'alignement, debout dos au mur ou pas, l'idéal étant de se décaler légèrement pour ne pas s'en servir de soutien. Inspirez profondément pour sentir votre colonne vertébrale s'étirer naturellement. À l'expiration, montez sur la pointe des pieds en contractant le ventre (ce réflexe est naturel, ne vous inquiétez pas, avec ou sans abdos saillants, ça marche !) et maintenez la position le temps de l'inspiration. À l'expiration, redescendez doucement sur les talons.

Combien de fois ? 3 fois de suite.

La position neutre du bassin pour garantir un bon alignement du corps

Objectif : adopter la bonne position pour faire des abdos sans se faire mal au dos !

Let's go ! Allongée sur le dos, jambes fléchies et écartées de la largeur du bassin, étirez votre nuque, comme si quelqu'un tirait un fil invisible. Le but est d'allonger au maximum votre colonne vertébrale. Pour trouver la position neutre du bassin, vous devez d'abord basculer votre sacrum (l'os du bassin) vers l'arrière en plaquant votre dos au sol. On appelle ça la « rétroversion ». Ensuite, basculez-le vers l'avant, votre dos se cambre, vous êtes en « antéversion ». Lorsque votre bassin est au milieu, avec juste la place pour passer vos doigts entre le sol et votre dos, vous êtes dans ce qu'on appelle la position neutre.

Respirez calmement et veillez à ne sentir aucune tension au niveau du dos. Dans le cas contraire, réajustez la position de votre bassin jusqu'à être confortable.pour plus de confort.

Pour ce type de séance, n'hésitez pas à mettre de la musique de relaxation pour profiter au maximum du calme et pouvoir vous concentrer sur votre respiration.

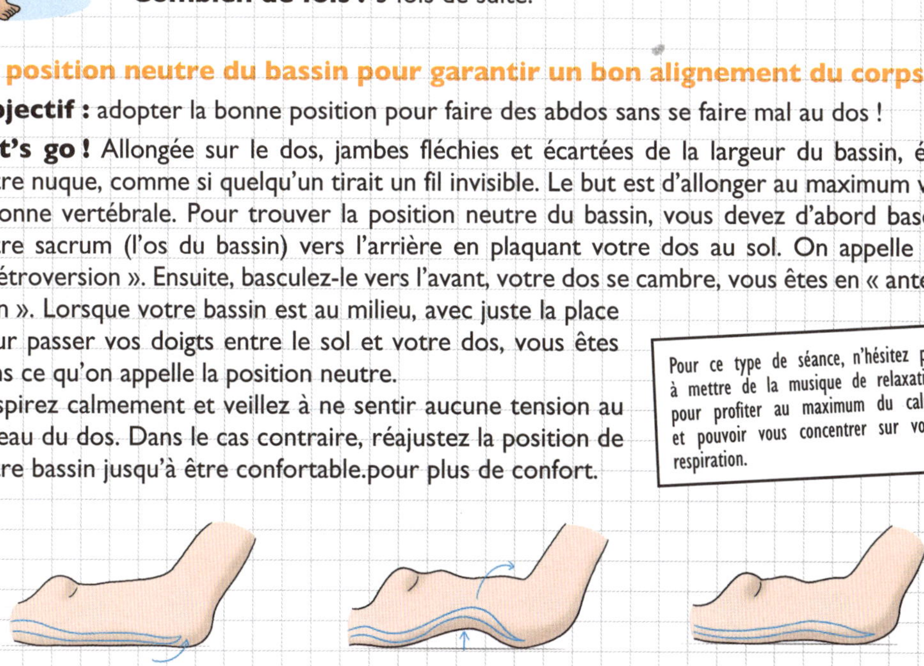

Rétroversion — Antéversion — Position neutre

C'est parti pour le renforcement musculaire !

Faire un vrai programme de sport en complément de son sevrage tabagique sans passer par la case « réveil musculaire » n'est pas très raisonnable. Cette première semaine va libérer votre souffle et stimuler votre système cardio-vasculaire avant d'attaquer un vrai plan d'entraînement.

Durée : environ 15 minutes
Quand : à réaliser après la séance de Pilates qui servira d'échauffement (20 minutes), soit 35 minutes à programmer dans votre agenda 4 fois par semaine.

Les squats : pour les cuisses et les fessiers

Debout, jambes écartées de la largeur des épaules et bras tendus devant vous, vos pieds respectent une même ligne. Attention, une asymétrie peut entraîner un déséquilibre au niveau des lombaires, et donc un mal de dos. Inspirez et descendez le dos droit jusqu'à ce que vos cuisses soient parallèles au sol. Remontez en expirant et en relâchant les bras.

Combien de fois ? 3 séries de 15 squats avec 1 min de récupération entre chaque série.

Les fentes : pour les jambes et les fessiers

Debout, pieds écartés de la largeur des épaules, faites un grand pas en avant. Votre plante de pied avant doit être bien à plat sur le sol. Fléchissez alors votre jambe arrière jusqu'à ce que vos deux genoux dessinent un angle droit, la cuisse avant quasiment parallèle au sol. Les mains restent sur la taille pour favoriser un bon équilibre et votre dos doit rester parfaitement droit. Regardez loin devant pour favoriser l'équilibre. Remontez en ramenant votre jambe.

Combien de fois ? 3 séries de 10 répétitions pour chaque jambe avec 1 min de récupération entre chaque série.

La planche : pour le dos et les abdos

Mettez-vous en appui sur les avant-bras et les orteils, en veillant à ce que le dos reste parfaitement droit. Contractez le ventre comme si vous essayiez de rapprocher votre nombril de votre colonne vertébrale. Maintenez cette position le plus longtemps possible, jusqu'à ce que vos hanches s'affaissent ou que vos genoux touchent le sol. Avant de commencer, lancez le chrono pour estimer votre niveau.

- Moins de 30 s : gainage faible
- Entre 30 s et 1 min : gainage moyen
- Entre 1 à 2 min : gainage bon
- Plus de 2 min : gainage excellent

En fonction de votre premier chrono, vous pourrez ainsi travailler en progressivité. Si le premier jour, vous avez tenu 30 s, essayez de tenir 45 s le lendemain et ainsi de suite.

Combien de fois ? 3 à 5 fois pour les plus courageuses.

Les pompes sur les genoux : pour le haut du corps

En position de planche, le buste parfaitement droit, vos jambes sont légèrement écartées et vos genoux au sol.
Placez vos mains à la verticale par rapport aux épaules. Les bras tendus, descendez en inspirant jusqu'à effleurer le sol avec le buste, puis revenez doucement à la position de départ, en expirant. Il faut privilégier la lenteur et la bonne réalisation de l'exercice plutôt que la rapidité et le nombre.
Combien de fois ? 3 séries de 10 répétitions avec 1 min de récupération entre chaque série.

À faire entre chaque série de pompes
À genoux au sol, les fesses posées sur les talons, le buste droit, inspirez. Puis expirez en vous penchant lentement en avant, en allongeant au maximum vos bras devant vous et en posant le ventre sur vos cuisses. Respirez tranquillement dans cette position et remontez sur une expiration. Cela soulage le dos et ça marche aussi après une longue journée !

C'est le jour J, j'arrête !

Ça y est, la semaine de transition est passée, le jour J est arrivé ! Écrasez votre dernière cigarette. 3, 2, 1, partez pour une nouvelle vie de bien-être et de liberté !

Chapitre 3

Challenge 2e et 3e semaines

Je me mets au sport

Ça y est, vous avez écrasé votre dernière cigarette, vous êtes déjà une nouvelle personne. Cette décision est la meilleure que vous pouviez prendre ! Maintenant, on passe en mode action pour ne surtout pas craquer. Promis, vous n'allez pas vous ennuyer une seconde et du coup, vous oublierez totalement de fumer ! Pourquoi ? Parce que l'endorphine et la dopamine que vous allez produire naturellement avec ce programme complet vont remplacer celles que la cigarette vous apportait. Et sans effets néfastes sur votre santé, au contraire !

Comment je m'y prends au quotidien ?

Je sors tout de suite mon agenda et je programme l'ensemble des séances pour être sûre de tenir le challenge. Si je dois annuler une séance, je la reprogramme immédiatement pour rester en mode actif.

Agenda Semaine 2	Routine matin (p. 24)	Méditation	Alimentation	Running 3 séances	Gainage 3 séances, après le running ou les jours sans running	Yoga 4 séances
LUNDI	❑ Oui	❑ Matin et soir + en situation SOS	❑ Journée sans sucre !	❑ Oui		
MARDI	❑ Oui	❑ Matin et soir + en situation SOS	❑ Journée sans sucre !		❑ Oui	❑ Oui
MERCREDI	❑ Oui	❑ Matin et soir + en situation SOS	❑ Journée sans sucre !	❑ Oui		
JEUDI	❑ Oui	❑ Matin et soir + en situation SOS	❑ Journée sans sucre !		❑ Oui	❑ Oui
VENDREDI	❑ Oui	❑ Matin et soir + en situation SOS	❑ Journée sans sucre !	❑ Oui		

Agenda Semaine 2	Routine matin (p. 24)	Méditation	Alimentation	Running 3 séances	Gainage 3 séances, après le running ou les jours sans running	Yoga 4 séances
SAMEDI	❑ Oui	❑ Matin et soir + en situation SOS	❑ Journée sans sucre !		❑ Oui	❑ Oui
DIMANCHE	❑ Oui	❑ Matin et soir + en situation SOS	❑ Journée sans sucre !			❑ Oui

Agenda Semaine 3	Routine matin	Méditation	Alimentation	Running 4 séances	Gainage 3 séances, après le running ou les jours sans running	Yoga 4 séances
LUNDI	❑ Oui	❑ Matin et soir + en situation SOS	❑ Journée sans sucre !	❑ Oui		
MARDI	❑ Oui	❑ Matin et soir + en situation SOS	❑ Journée sans sucre !		❑ Oui	❑ Oui
MERCREDI	❑ Oui	❑ Matin et soir + en situation SOS	❑ Journée sans sucre !	❑ Oui		
JEUDI	❑ Oui	❑ Matin et soir + en situation SOS	❑ Journée sans sucre !		❑ Oui	❑ Oui
VENDREDI	❑ Oui	❑ Matin et soir + en situation SOS	❑ Journée sans sucre !	❑ Oui		❑ Oui
SAMEDI	❑ Oui	❑ Matin et soir + en situation SOS	❑ Journée sans sucre !		❑ Oui	
DIMANCHE	❑ Oui	❑ Matin et soir + en situation SOS	❑ Journée sans sucre !	❑ Oui		❑ Oui

Le running

C'est l'activité cardio par excellence et la reine de la production d'endorphines bonnes pour le moral. C'est aussi l'activité la plus simple parce qu'elle se pratique partout, à toute heure, quelle que soit la saison. Le running a un grand intérêt pour le moral parce qu'à tous les niveaux de pratique, le corps en tire un maximum de bénéfices pour nos poumons, notre cœur, mais aussi pour diminuer notre cellulite. Pratiqué lentement, ou comme on le dit chez les pros : « en endurance », le running attaque les graisses et nous débarrasse de nos bourrelets ! Pour l'instant, seule la régularité compte. Prenez ce moment comme un moyen de vous déconnecter, débranchez votre portable, chaussez vos baskets… let's go ! Prévoyez 3 séances la première semaine, puis 4 la deuxième, de 30 minutes en moyenne.

Le gainage et le renforcement musculaire

Le gainage est super simple, efficace et hyper complet. Abdos, dos, jambes, bras, vous allez travailler tous les groupes musculaires pour sculpter votre silhouette ! Inutile de passer 1 heure par jour à vous muscler, le gainage sera votre meilleur allié si vous êtes pressée !
À faire 3 ou 4 fois par semaine (après le running ou les jours où vous ne courez pas), durant 15 minutes top chrono.

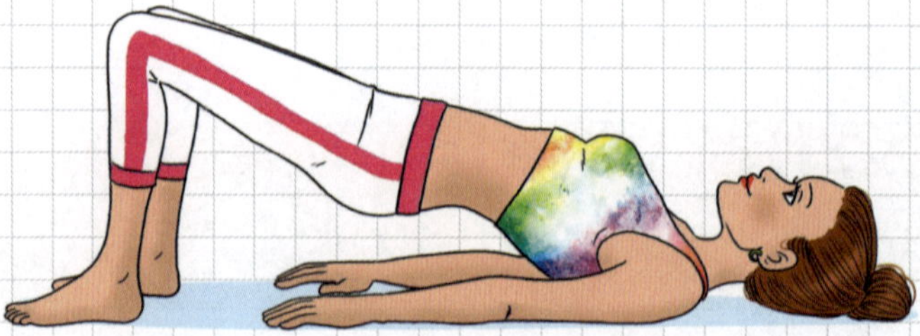

La méditation

La méditation va faire partie de votre vie et vous apprendre à gérer le stress de façon naturelle, et surtout simple, quel que soit l'endroit où vous serez.
À quel rythme ? Tous les jours, matin et soir, et à tout moment de la journée si le besoin s'en fait sentir !
La période de sevrage que vous traversez peut être assimilée à un duel entre vous et votre cerveau accro à sa dose de nicotine… Il va donc falloir aiguiser vos armes, et la plus efficace reste votre motivation ! La meilleure façon de se rappeler ce qui vous a décidé à arrêter, c'est de prendre chaque matin quelques instants pour écouter le message que vous avez préparé lors de votre première semaine (voir p. 21). Cela peut même vous servir de fond sonore pour votre méditation. Profitez des transports en commun, par exemple. L'idéal est de l'écouter à l'heure où vous allumiez habituellement votre première cigarette : juste en vous levant, après votre premier café… Pour vous booster, vous pourrez pratiquer l'exercice de l'arbre (voir p. 46), qui remplit d'énergie positive et vous donne confiance en vous.

Le yoga

Cette discipline ne sert pas uniquement à entretenir la souplesse qui peut être mise à rude épreuve avec des sports comme le running… Elle va aussi vous permettre d'apprendre à poser votre souffle, pour éviter notamment les traditionnels points de côté des débutantes. Le yoga vous rendra plus forte et vous donnera la base de votre nouvel

équilibre de vie. Et bien sûr, ses qualités anti-stress en font un allié parfait pour gérer vos émotions pendant l'arrêt de la cigarette.
À pratiquer 4 fois par semaine durant 15 minutes.

Une nouvelle façon de manger

La nutrition que vous allez adopter durant ces semaines anti-tabac bannit le sucre, non pas à vie mais suffisamment longtemps pour qu'il ne soit plus votre meilleur ami… Cela peut surprendre parce qu'on associe souvent l'alimentation sportive aux sucres rapides, en pensant que ces derniers sont indispensables à toute pratique sportive… C'est totalement faux ! Aujourd'hui, de nombreux régimes alimentaires pour sportifs de haut niveau ou réguliers valorisent le bon gras, intéressant au niveau nutritionnel lors d'efforts fournis sur la durée.

Pour faire simple : oubliez les pâtes, gardez l'huile d'olive et un peu de parmesan ! Il est essentiel dans votre situation de ne surtout pas remplacer une addiction par une autre… Vous l'avez déjà remarqué, difficile de ne pas finir le paquet de bonbons lorsqu'il est ouvert. Mais rassurez-vous, on parle de « sucre », et non de « goût sucré », car les fruits restent autorisés ! Tout comme il s'agit d'une phase détox et non d'un renoncement au sucre… à vie !

Les astuces naturelles anti-tabac

Homéopathie, huiles essentielles… il existe de nombreux produits naturels dont l'efficacité a été prouvée pour vous éviter de craquer. Vous n'allez pas vous en priver. Vous allez prendre soin de votre corps en lui offrant ce qu'il y a de mieux et il vous le rendra au centuple ! Rendez-vous p. 51.

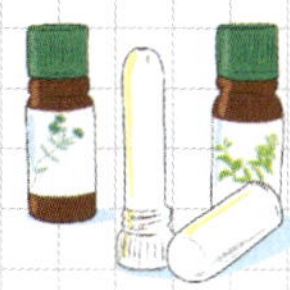

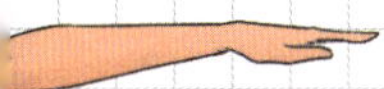

Running : 1re étape, la marche rapide

Oui, c'est le paradoxe de cette méthode qui a fait ses preuves aux USA depuis des années : pour commencer à courir, il faut d'abord savoir marcher. Pourquoi marcher ? Pour ne pas s'épuiser trop vite et entraîner petit à petit votre cœur à tenir l'effort sur la durée. On apprend en effet à courir comme on apprend à faire du ski ! Vous n'êtes pas allée sur une piste noire dès votre première leçon de ski, si ? Avec le running, c'est pareil !
Inutile de chercher à aller trop vite en courant tous les jours, c'est souvent contre-productif, d'autant que votre semaine comprend également des séances de gainage qui sont très importantes à respecter et qui vont forcément vous fatiguer (voir p. 40).

Durée : 15 à 30 minutes
Quand : 3 séances la 1re semaine, par exemple lundi, mercredi et vendredi ou samedi. Et 4 séances la 2e semaine, par exemple lundi, mercredi, vendredi et dimanche, soit 7 séances sur 2 semaines.

Pourquoi apprendre à courir ?

Grâce au running, vous allez travailler votre cardio, donc stimuler votre cœur et aider vos poumons à éliminer plus rapidement le tabac accumulé toutes ces années. Par ailleurs, et c'est le but principal recherché, vous allez produire des endorphines en courant, qui vont remplacer dans votre cerveau l'effet de la nicotine. Plus vous courrez longtemps, moins vous aurez envie de fumer et plus vous progresserez, plus vos envies s'atténueront.

Avant d'aller courir, je fais le point !

- Je m'équipe : tenue spécifique, chaussures adéquates (voir p. 26), et je n'oublie pas ma bouteille d'eau pour m'hydrater pendant la séance (2 gorgées d'eau toutes les 20 minutes l'hiver, toutes les 10 minutes l'été).
- J'installe une application sur mon smartphone si je n'ai pas de GPS, histoire de noter mes progrès (voir p. 26).
- Je ne zappe pas les minutes d'échauffement et de retour au calme (voir p. 69 et 72) !
- Je programme précisément mes séances dans mon agenda et je m'y tiens ! Qu'il pleuve ou qu'il vente !
- Je peux réaliser ces séances sur tapis en salle sans souci.
- Si une séance se passe mal, je ne passe pas à la séance suivante, je la refais et je décale légèrement mon plan d'entraînement. Ce n'est pas un problème si vous avez besoin d'1 ou 2 jours de plus pour boucler les séances, le principal est d'y arriver.
- Je dois pouvoir parler en courant, si ce n'est pas le cas, je ralentis jusqu'à ce que cela soit possible.

Je m'organise !

L'idéal est de réussir à planifier vos séances en ayant toujours un jour de récupération entre deux séances de running.

Mon plan sur 2 semaines

SEMAINE 1

SÉANCE 1 (lundi)
10 min de marche rapide
+ 6 × 2 min de course avec 1 min de récupération marchée
+ 10 min de marche rapide

SÉANCE 2 (mercredi)
10 min de marche rapide
+ 5 × 3 min de course avec 1 min de récupération marchée
+ 10 min de marche rapide

SÉANCE 3 (vendredi ou samedi)
8 min de marche rapide
+ 4 × 4 min de course avec 1 min de récupération marchée
+ 10 min de marche rapide

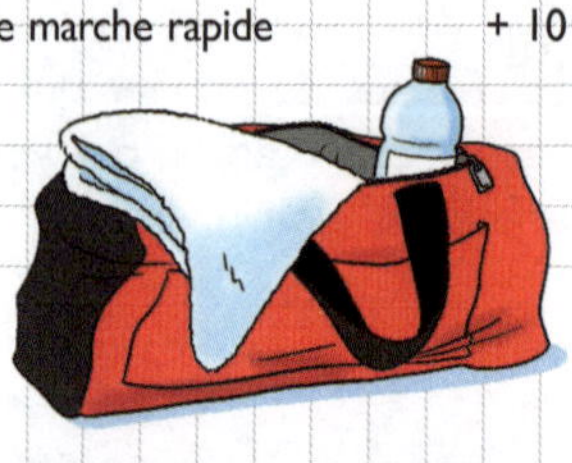

SEMAINE 2

SÉANCE 1 (lundi)
8 min de marche rapide
+ 4 × 5 min de course avec 1 min de récupération marchée
+ 10 m de marche rapide

SÉANCE 2 (mercredi)
10 min de marche rapide
+ 2 × 6 min de course avec 1 min 30 de récupération
+ 2 × 5 min de course avec 1 min 30 de récupération
+ 5 min de marche rapide

SÉANCE 3 (vendredi)
10 min de marche rapide
+ 2 × 8 min de course avec 1 min 30 de récupération
+ 3 × 4 min entrecoupées de 1 min 30 de récupération
+ 5 min de marche rapide

SÉANCE 4 (dimanche)
5 min de marche rapide
+ 30 min de course
+ 5 min de marche rapide

Ça y est, vous êtes capable de courir 30 minutes sans vous arrêter, bravo !

Et si je veux m'entraîner au cardio ?

Le cardiofréquencemètre est une montre qui permet de connaître son rythme cardiaque instantanément et peut être un bon outil pour toutes celles qui ont peur de ne pas réussir à trouver « leur rythme » toutes seules. Soit vous avez un capteur externe que vous positionnez sur votre poitrine sous votre soutien-gorge de sport, soit vous avez un capteur au poignet directement inclus dans la montre. Attention : avec ce type de modèle, vous devez veiller à serrer suffisamment le bracelet-montre, ce qui peut être une source de gêne.

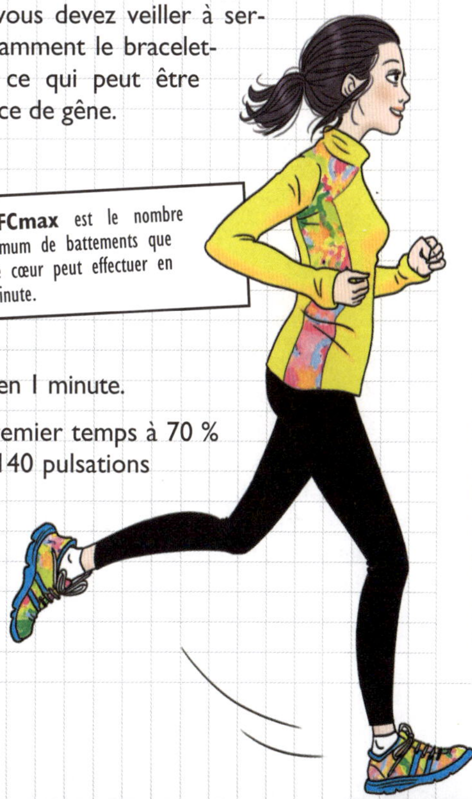

Comment calculer votre rythme cardiaque maximum (ou FCMax) ?

La **FCmax** est le nombre maximum de battements que votre cœur peut effectuer en 1 minute.

La méthode la plus simple, mais aussi la moins fiable, est la méthode Astrand qui repose sur une formule simple : 226 – son âge
Exemple : vous avez 25 ans, 226 – 25 = 201 pulsations en 1 minute.

Vos séances devront toujours se réaliser dans un premier temps à 70 % de votre FCMax, soit, si vous avez 25 ans, environ 140 pulsations par minute.

À savoir : l'application AthleticRun vous permettra de réaliser votre test FCMax sur votre smartphone et c'est gratuit !

Gainage : objectif abdos !

On rêve toutes un peu devant les photos d'abdos façon tablette de chocolat mais, déjà, avant d'aller plus loin, il faut savoir une chose : ils sont en partie génétiques ! Le pourcentage de masse graisseuse, et surtout son emplacement, sont prédéterminés. Certaines sont donc plus avantagées que d'autres dans ce domaine et auront un résultat plus rapide. Le gainage et le renforcement musculaire vont surtout vous aider à vous sentir mieux dans votre peau et éviter que vous vous blessiez lors de votre entraînement. Ils vont aussi vous permettre d'améliorer votre posture, de vous tenir plus droite et de ne pas souffrir du dos. Voici un petit circuit simple à faire avec des exercices qu'une débutante peut réaliser chez elle ou après une séance de running à l'extérieur ou même en salle.

Là encore, c'est la régularité qui prime !

Durée : 15 minutes
Quand : 3 à 4 fois par semaine.

Pourquoi je dois travailler mes muscles ?

Déjà parce que cela va vous occuper l'esprit ! Car, oui, l'ennui amène souvent au réflexe cigarette. Avoir un emploi du temps structuré avec des séances de running mais aussi de renforcement musculaire va bouleverser votre vie et vos mauvaises habitudes. En plus, comme pour le running, se bouger, se muscler apporte une dose d'endorphines supplémentaires, essentielles pour tenir vos résolutions anti-tabac sur la durée ! En constatant vos progrès séance après séance, vous vous sentirez gratifiée moralement et cela vous donnera l'envie de vous accrocher. L'objectif : muscler votre silhouette et vous construire un mental d'acier !

Quels muscles vont travailler ?

Les muscles abdominaux profonds et la chaîne musculaire dorsale vont être grandement sollicités et renforcés. Mais pas seulement ! Le gainage permet de travailler le haut du corps, indispensable pour progresser en running. On l'oublie trop souvent, mais l'ensemble du corps est stimulé lorsqu'on court. Vous allez également travailler vos jambes, histoire de gagner en puissance.

Combien de temps consacrer à ma séance ?

Comptez 15 minutes pour une séance que vous pouvez faire le matin, ou après le running si vraiment vous n'avez pas d'autre possibilité, mais jamais avant. Prévoyez un tapis pour plus de confort et, bien sûr, une bouteille d'eau pour vous hydrater.

Mon work-out gainage et renfo

La planche

C'est l'exercice le plus simple et pourtant le plus complet à réaliser.

Mettez-vous en appui sur les avant-bras et les orteils, en veillant à ce que le dos reste parfaitement droit. L'idéal est de réaliser l'exercice une première fois devant un miroir pour prendre conscience de la position de votre dos.

Contractez le ventre comme si vous essayiez de rapprocher votre nombril de votre colonne vertébrale et tenez ainsi quelques instants…

Pensez à mettre le chrono lors de la première séance, histoire de noter votre « record », qui sera votre base de travail pour les jours à venir. L'idéal est de tenir au moins 30 s pour « monter » rapidement à 1 min, puis à 1 min 30.

Combien de fois ?

1re semaine : 2 × 30 s avec 30 s de récup' entre chaque.

2e semaine : 3 × 1 min avec 1 min de récup' entre chaque.

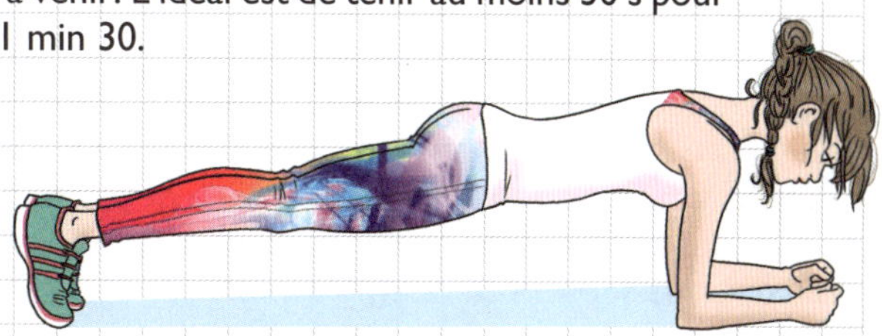

La planche latérale

C'est le même principe mais sur le côté ! On part de la planche classique et on pivote sur le côté pour n'être plus en appui que sur une seule main. L'idéal est de le faire bras tendu, mais si c'est trop difficile, restez sur le coude, bras plié.

Posez les pieds l'un sur l'autre. Il faut absolument penser à pousser les hanches vers le haut pour que le dos reste le plus droit possible.

Combien de fois ?

1re semaine : 2 × 30 s avec 30 s de récup' entre chaque.

2e semaine : 3 × 1 min avec 1 min de récup' entre chaque.

Le bateau

On continue le travail des abdos en visant les abdos profonds en travaillant les transverses (muscles profonds de la partie latérale de l'abdomen). Cet exercice renforce aussi les cuisses et les bras. Partez de la position assise sur le sol, tendez les bras devant vous pour maintenir l'équilibre et décollez les jambes fléchies à 90 degrés. Les plus courageuses pourront le faire jambes tendues pour former un V. Contractez les abdos pour tenir l'équilibre et veillez à respirer profondément. Comme tous les autres, cet exercice ne se réalise pas en apnée !

Avertissement : ceci n'est pas un exercice de vitesse ! Si vous avez des difficultés à effectuer un exercice, mieux vaut en faire moins mais veiller à le réaliser parfaitement et lentement pour bien trouver votre équilibre grâce à la contraction des abdos. Ne vous découragez surtout pas, en quelques jours, vous allez le maîtriser !

Combien de fois ?

1re semaine : 2 séries de 10 avec 1 min de récup' entre chaque.
2e semaine : 3 séries de 10 avec 1 min de récup' entre chaque.

Les montées de genoux

Comme son nom l'indique, il s'agit de monter les genoux le plus rapidement possible en se tenant parfaitement droite et en contractant les abdos.
Veillez à ce que vos talons ne touchent pas le sol, comme une danseuse. Cela facilite le mouvement mais permet aussi de ne pas se blesser, limitant les risques de choc dus aux vibrations au niveau des articulations. L'idéal est donc d'avoir des chaussures de sport pour ce type d'exercice.

Combien de fois ?

1re semaine : 2 séries de 15 avec 1 min de récup' entre chaque.
2e semaine : 3 séries de 15 avec 1 min de récup' entre chaque.

À éviter : réaliser ce type de séance juste avant de dormir n'est pas forcément une bonne idée… Vous risquez d'avoir des soucis d'endormissement en ayant fait monter votre cardio. Vous n'avez pas besoin de ça !

Nutrition : le sucre, mon meilleur ennemi !

Le sucre est devenu le nouvel ennemi juré, et à juste titre. Nous sommes passés, en un siècle, d'1 kg de sucre consommé par an et par personne à 35 kg en moyenne ! Le sucre fonctionne comme le tabac au niveau du cerveau… Il n'est pas question de remplacer une addiction par une autre ! Remplacer une cigarette par des bonbons n'est pas la solution.

Pourquoi supprimer le sucre ?

Ce programme a pour ambition de vous faire arrêter le tabac sans prendre de poids. La prise de poids due au sevrage tabagique vient du fait que le cerveau, privé de sa dose de nicotine, vous oriente insidieusement vers une autre drogue : le sucre… Et vous vous retrouvez à vous gaver de petits bonbons ou autres gâteaux trop sucrés. C'est donc dès le début du programme qu'il faut veiller à ne pas remplacer une dépendance par une autre. Lorsque vous aurez passé ce cap, vous pourrez sans souci vous offrir de temps à autre de petits plaisirs que vous apprécierez à leur juste valeur et qui n'auront plus d'incidence négative sur votre silhouette.

Je vais devoir manger « salé » tout le temps ?

Mais non ! Il s'agit en réalité d'éliminer de son alimentation les sucres « chimiques » pour ne garder que le sucre naturel. Aujourd'hui, les sucres ajoutés sont utilisés par les industriels comme exhausteurs de goût. On en trouve partout : dans les pizzas, les sauces pour les pâtes, la charcuterie, les céréales du petit déjeuner, etc. Il faut donc commencer par savoir lire les étiquettes et, mieux encore, bannir les préparations industrielles de son alimentation.

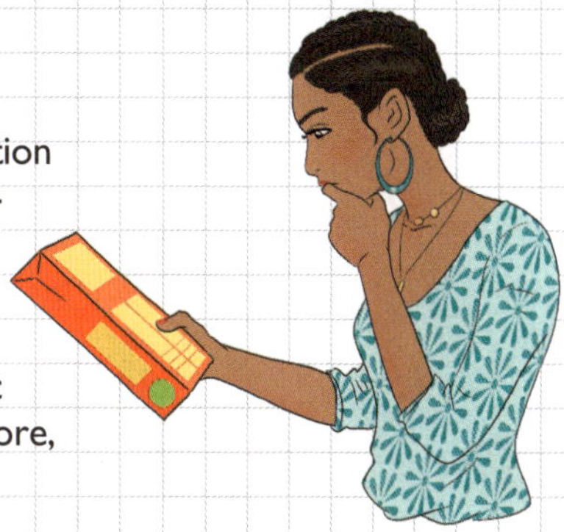

Quels intérêts en retirer ?

Éliminer les sucres ajoutés va éviter à l'aiguille de la balance de pencher du mauvais côté. L'impact de l'arrêt du sucre se voit ensuite très vite au niveau de la peau. Avec l'arrêt du tabac, c'est double combo ! Côté fringales, elles disparaissent elles aussi, puisqu'elles sont souvent liées à une hypoglycémie. Le sucre appelle le sucre… Si vous mangez des sucres rapides le matin au petit déjeuner, votre corps les utilise très rapidement, trop rapidement. Il se retrouve en manque et envoie au cerveau un appel pour recevoir une nouvelle dose. On se retrouve au distributeur de confiseries du bureau sans même avoir compris. En supprimant les sucres industriels, on redécouvre aussi le goût sucré naturel et la vraie saveur des aliments. Un phénomène qui sera démultiplié avec l'arrêt du tabac.

Je peux le remplacer par l'aspartame ?

Non… surtout pas ! L'idée n'est pas de remplacer un mal par un autre mais réellement de changer sa façon de s'alimenter en revenant au naturel et en réduisant votre envie d'aliments sucrés. Reste la solution de la stévia, qui est une plante au fort pouvoir sucrant mais qui laisse un goût peu agréable dans la bouche, ou le xylitol, un sirop issu de l'écorce de bouleau. Le sirop de riz est aussi pratique parce qu'il se cuit.

Je mets quoi dans mon caddie ?

Privilégiez les poissons et fruits de mer, la viande rouge ou blanche, les œufs, les légumes, les céréales et les féculents de préférence complets (qui sont plus riches en fibres, vitamines, sels minéraux et antioxydants), les produits laitiers (lait, yaourt, fromage blanc), sans sucre ajouté évidemment, le fromage (les pâtes cuites sont beaucoup moins caloriques), les matières grasses végétales (huile d'olive, de sésame, de lin…), le beurre et la crème fraîche, les fruits et boissons sans sucre ajouté (testez les tisanes fruitées !).

Je ne sais pas cuisiner, je ne vais jamais y arriver…

C'est une fausse excuse trop répandue ! Il ne s'agit pas de faire des choses compliquées, mais justement de réapprendre ou d'apprendre à préparer des repas simplement mais sainement. Il n'y a rien de plus facile que de réaliser votre propre sauce tomate, qui nécessitera le même temps de cuisson que vos pâtes en vous évitant ainsi les conservateurs et le sucre ajouté. Faire une soupe maison, même à partir de légumes congelés, est simplissime, tout comme faire une purée de patates douces.

Sans chocolat et sans cigarette, vous voulez ma mort ?

Bonne nouvelle, le chocolat n'est pas interdit ! À condition évidemment de privilégier le noir et pas celui avec du riz soufflé dedans ! Le beurre d'amandes, lui, est délicieux en pâte à tartiner au petit déjeuner. Une compote n'a pas besoin de sucre ajouté si les fruits qui la composent sont bio. Grignoter une poignée de noisettes et d'amandes sera toujours plus sain que d'avaler rapidement une barre de céréales ultra sucrée. Et n'oubliez pas un élément très important : l'arrêt du tabac va vous faire rapidement retrouver le goût des aliments, vous n'aurez plus besoin d'exhausteur comme le sucre pour les apprécier !

Ma journée sans sucre

C'est une journée où l'on réapprend à manger simplement des produits bruts ou presque, histoire de retrouver le goût des choses, sensation qui sera démultipliée par l'arrêt du tabac, puisque ce dernier a un impact désastreux sur l'odorat et les papilles gustatives.

On trouve aujourd'hui des dizaines d'idées de recettes diverses et variées sans sucre tellement bluffantes que vous vous demanderez pourquoi vous n'avez pas commencé plus tôt !

Petit déjeuner

- 1 portion de müesli sans sucre ou de flocons d'avoine, du lait végétal (avoine, soja, amande…) ou pas.
- 1 boisson chaude sans sucre.
- 1 jus d'orange.

Déjeuner

- 1 assiette de légumes variés, avec une céréale, complète de préférence, et des protéines animales ou végétales, comme un poisson, une viande simplement grillée, des œufs ou du tofu.
- 1 dessert sans sucre ou 1 café avec 1 carré de chocolat noir.

Collation

- Des fruits secs, par exemple une belle poignée d'amandes.

Dîner

- 1 assiette semblable au déjeuner, même s'il est conseillé d'alléger sa portion de protéines animales au profit de protéines végétales le soir, comme des lentilles ou du riz complet.
- Finissez par 1 carré de chocolat noir de qualité ! Mieux vaut un carré apprécié qu'une privation qui finira par un craquage en mode XXL…

La cannelle, ma meilleure alliée anti-sucre

Cette épice fait des miracles pour calmer les envies de sucre.Vous pouvez en rajouter dans vos compotes maison sans sucre pour varier les goûts. Vous pouvez aussi remplacer votre thé classique par un thé « de Noël » qui vous fera passer votre envie de confiture au petit déjeuner : 1 à 2 gouttes d'huile essentielle de cannelle préalablement diluées dans un peu de miel ou de sirop d'agave suffisent aussi à booster votre thé vert préféré. Vous pouvez aussi vous composer une petite boîte anti-grignotage : mettez 1 bâton de cannelle, 1 gousse de vanille, quelques écorces d'orange et quelques gouttes d'huile essentielle de cannelle dans une petite boîte à sentir en cas de fringale. Il existe également dans le commerce des préparations toutes faites, chez Puressentiel par exemple.

3 minutes de méditation pour ne pas craquer

S'il y a bien un moment où vous devez adopter la routine « méditation », c'est lors de l'arrêt du tabac. Le facteur stress va devenir votre pire ennemi et il va falloir développer des armes efficaces pour lutter contre lui. Apprendre à souffler en fait partie, juste retour des choses dans votre victoire contre la cigarette qui vous essoufflait justement ! Il est important de noter qu'en fonction de votre niveau de dépendance, l'aide apportée par la méditation sera forcément plus importante si vous êtes définie comme « très dépendante » ou que vous exercez une activité professionnelle hyper stressante. Dès le départ de ce programme, il vous faudra planifier plusieurs petits moments de méditation au cours de la journée, comme avant le déjeuner, ou avant une réunion importante. Environ 3 minutes dès que vous en éprouvez le besoin : ça n'est pas long et ça peut changer votre vie !

L'exercice de l'arbre pour m'ancrer dans ma nouvelle vie de non fumeuse

Confortablement assise sur une chaise, comptez jusqu'à 3 et fermez les yeux en respirant calmement.
Prenez doucement conscience de votre corps, de sa position sur la chaise, de toutes les zones en contact avec le tissu, le bois ou le sol et vos pieds. Imaginez-vous dans une forêt ou dans un lieu que vous connaissez bien, un jardin, une forêt où vous vous promeniez enfant, un lieu rassurant et serein. Approchez-vous d'un arbre, touchez-le, sentez son écorce sous vos doigts.
Touchez les feuilles, les branches, admirez chaque détail que vous pouvez imaginer, que vos souvenirs font revenir à la surface. Petit à petit, vous ne faites plus qu'un avec l'arbre, sa force devient votre force.
Ressentez la chaleur du soleil, la force de la terre qui vous nourrit comme l'arbre se nourrit de sa sève. Sa force devient votre propre force et vous remplit de vitalité et de courage face au sevrage de la cigarette, vous puisez littéralement votre énergie dans la terre, comme l'arbre à travers ses racines.
Vous pouvez maintenant rouvrir doucement les yeux.

En quoi la respiration va diminuer mon stress ?

Parmi les effets néfastes du stress, il y a l'accélération du rythme cardiaque et de la respiration, qui change même de nature, donnant l'impression que les poumons se situent au niveau du cou. Le souffle devient plus court, le cœur s'emballe, les muscles se crispent et, forcément, ces sensations accentuent encore notre anxiété. Plus on stresse, plus on respire vite, plus on respire vite, plus on stresse… C'est un vrai cercle vicieux qu'il faut briser !

Pourquoi respirer avec le ventre ?

Ce qu'on travaille avec la respiration abdominale, c'est le diaphragme, le principal muscle respiratoire qui est situé entre la cage thoracique et le ventre dans la zone du plexus solaire, qui est aussi souvent appelée « zone des émotions ». Lorsqu'on inspire par le ventre, il s'abaisse, pousse sur les muscles abdominaux et les viscères. Lorsqu'on expire, il remonte. Ce simple mouvement de haut en bas, totalement naturel, permet un vrai massage des organes internes et une bonne circulation de l'énergie dans tout l'abdomen.

En pratique…

- Avant toute chose, vous pouvez vous aider d'une musique de méditation si vous réalisez votre séance chez vous ou dans les transports en commun. L'idéal est de choisir un son agréable qui vous aide à vous projeter dans un environnement rassurant et positif.

Le truc en plus

Si vous n'avez pas de quoi écouter une musique relaxante, ce qui n'est pas toujours simple lorsqu'on est au travail par exemple, servez-vous de votre cœur ! Prenez votre pouls à votre poignet avec vos doigts pour sentir votre cœur battre. Concentrez-vous sur lui, sur son rythme pour vous isoler du reste de votre environnement. Prenez le temps de respirer par le ventre comme vous l'avez appris et sentez votre cœur tranquillement ralentir, trouver son rythme. Vous êtes, au sens propre comme au figuré, en communion avec votre corps, votre méditation est encore plus complète.

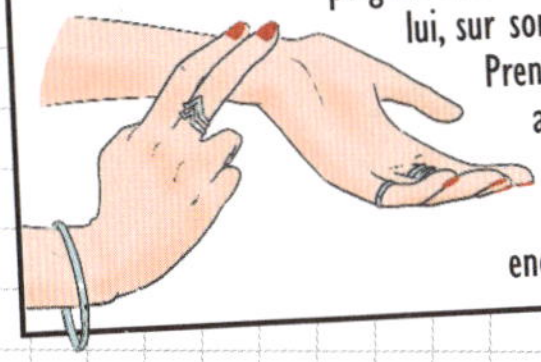

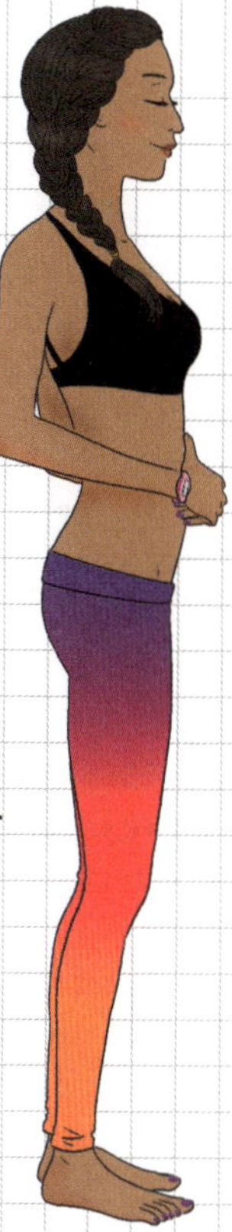

- Asseyez-vous, pieds au sol. Si vous pouvez vous permettre d'enlever vos chaussures pour avoir les pieds parfaitement à plat, c'est encore mieux. Vous pouvez aussi rester debout, une dimension supplémentaire entre alors en jeu, proche d'un célèbre exercice de sophrologie. Imaginez que vous plantiez vos pieds dans le sol, que vous êtes un peu comme un arbre dont les racines descendent dans la terre. Le dos est droit, les épaules relâchées, les yeux fermés et les bras le long du corps.
- Pour les premières séances, vous pouvez vous aider de vos mains, que vous positionnerez sur votre ventre pour bien le sentir se gonfler.
- Pendant 3 secondes, inspirez par le nez en gonflant votre ventre comme vous gonfleriez un ballon.
- Bloquez l'air 3 secondes, puis expirez longuement par la bouche, idéalement sur 6 secondes. Et recommencez !

Je pense à quoi en faisant ça ?

- Concentrez-vous et pensez que l'air que vous expulsez, c'est tout le tabac que vous avez accumulé dans vos poumons et votre corps dans votre vie de fumeuse. Faites ainsi un nettoyage virtuel de votre corps.
- Idéalement, réécoutez tous les matins le petit texte que vous avez enregistré la première semaine (voir p. 21), qui vous rappellera pourquoi vous faites tout ça, pourquoi vous avez pris cette décision et vous motivera à tenir une journée de plus.

Combien de fois par jour ?

L'idéal est de méditer 4 à 5 fois par jour, le matin au réveil, une fois dans la matinée, avant d'aller déjeuner (cela vous évitera aussi de manger trop vite en cas de stress), une fois l'après-midi et le soir avant de vous coucher. C'est le protocole de base que vous adapterez évidemment à votre emploi du temps et surtout aux épisodes de stress que vous traverserez et qui risquent immanquablement de vous donner envie de fumer. Avant une réunion importante et dès que vous en ressentez le besoin, prenez le temps de respirer et de vous recentrer.

Mon yoga antistress

Le yoga fait partie intégrante de votre plan d'action, pour prendre enfin du temps pour vous. Ce n'est pas seulement une activité physique, c'est beaucoup plus que ça ! Le yoga agit sur le corps pour lui permettre de retrouver souplesse et tonicité, mais aussi sur le mental, qu'il aide à renforcer, à recentrer. C'est également un formidable outil de gestion du stress. En fonction de votre niveau de stress et de dépendance, l'intérêt sera différent.

Pour les moins accro, ce sera avant tout une activité physique parfaitement complémentaire du running et du gainage.

Pour les plus dépendantes, le travail du souffle s'apparentera à une séance de méditation en mouvement, très bénéfique, où il faudra être très attentive à chaque inspiration et expiration.

Pour toutes, c'est un formidable outil pour apprendre à gérer les moments compliqués de la vie professionnelle et personnelle où l'envie de cigarette pourrait pointer son nez.

Et si je suis souple comme un bout de bois ?

Comme pour le running qui a une action bénéfique sur votre corps quel que soit votre niveau, le yoga sera votre meilleur allié pour cette période de sevrage, que vous touchiez vos orteils ou pas ! Vous avez arrêté de fumer, vous allez aussi gagner en souplesse !

Quand pratiquer ?

Le matin à jeun reste le meilleur moment. Cela sous-entend de se lever un peu plus tôt pour le faire. Au calme, juste après vous être réveillée en douceur et avoir bu un jus de citron avec de l'eau tiède si vous êtes adepte de ce réflexe détox, c'est parfait. Il suffit de faire sonner votre réveil 20 à 30 minutes plus tôt que d'habitude.

Évidemment, si votre emploi du temps ne vous permet pas un lever aussi matinal, pas de panique : le soir, ce sera très bien aussi ! Le principal est de faire cette routine au moins 3 à 4 fois par semaine.

L'échauffement

Debout à l'inspire, montez les épaules très haut, puis relâchez-les d'un coup en expirant par la bouche. Faites ensuite des cercles avec les épaules, 6 fois vers l'avant, 6 fois vers l'arrière, le regard doit être bien fixe, droit devant vous.

Posez les mains sur les épaules et refaites les cercles vers l'avant et vers l'arrière 6 fois de suite.
Toujours debout, étirez-vous les bras levés à la verticale, agrandissez-vous à l'inspire, relâchez tout à l'expire, 6 fois de suite.

Sur le sol, à quatre pattes, les mains sous les épaules, genoux sous les hanches, réalisez 6 enchaînements « dos plat / dos rond » pour réveiller votre colonne vertébrale (inspire dos plat, expire dos rond). Voilà, vous pouvez commencer !

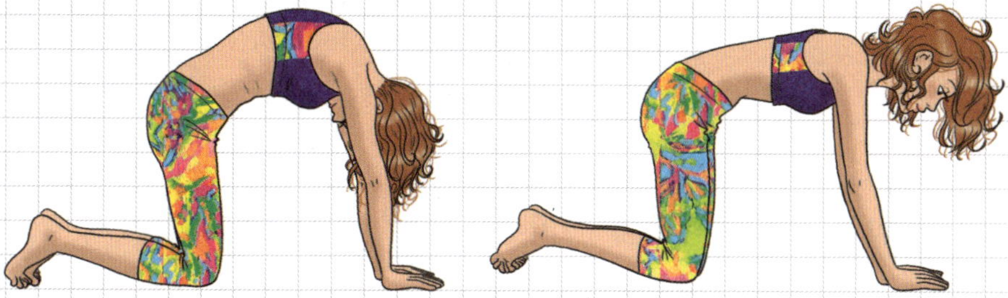

Les postures

Elles ont été choisies pour créer un enchaînement court, facile à réaliser quels que soient son niveau et sa souplesse naturelle. Elles sont complètes, font travailler le haut et le bas du corps et dégagent la cage thoracique pour réapprendre à respirer pleinement avec ses nouveaux poumons débarrassés du tabac.

Durée : 30 minutes
Quand : au moins 3 à 4 fois par semaine, le matin au réveil ou le soir.

Le chien tête en bas

Cette posture étire tout l'arrière du corps, indispensable pour la nouvelle runneuse que vous êtes !

À partir de la posture à quatre pattes, repoussez le sol avec les mains et pointez le bassin vers le haut pour réaliser un V inversé avec votre corps. Respirez calmement et, à chaque respiration, rapprochez les talons du sol jusqu'à les poser totalement, afin d'avoir les pieds à plat. Si vous n'y arrivez pas le premier jour, pas de souci, cela viendra, ne forcez pas ! Les omoplates doivent presque se toucher afin de libérer toute la cage thoracique et vous permettre de respirer à pleins poumons.

Restez dans cette posture le temps de quelques respirations.

Le guerrier II

Énergique, cette posture donne confiance en soi.

Debout, les pieds largement écartés (mais pas trop, ce n'est pas un grand écart non plus…), le pied gauche fixe, le pied droit tourné légèrement vers la droite. Le bassin de face, levez les bras parallèles au sol.

Tournez la tête vers la droite, pliez légèrement le genou droit pour accompagner le mouvement. Puis revenez de face en levant les bras, en joignant les mains au-dessus de la tête tout en expirant.

→ À faire 3 fois de chaque côté.

La torsion assise

Cette posture assouplit et aide à nettoyer vos organes intérieurs mis à mal par le tabac.

Assise au sol, les jambes étendues devant vous, repliez la jambe gauche pour poser le pied à l'extérieur du genou droit.

Attrapez le genou gauche plié dans le creux du coude droit, le bras gauche est tendu vers l'arrière pour tenir l'équilibre.

Rapprochez la cuisse du buste tout en veillant à bien vous tenir droite. Vous devez sentir toute la chaîne postérieure travailler. Vous pouvez regarder devant vous ou tourner le regard vers l'arrière pour intensifier l'étirement.

Respirez calmement et profondément, cela intensifie la fonction « nettoyage interne » de la posture.

→ À faire au moins 30 s à 1 min de chaque côté.

Le demi-pont

Cette posture assouplit la colonne et ouvre la cage thoracique.

Allongée sur le dos, jambes fléchies, les bras le long du corps, prenez quelques respirations pour bien poser le dos à plat sur votre tapis. Levez le bassin en veillant à bien laisser les pieds ancrés dans le sol, les fessiers sont légèrement contractés.

Redescendez doucement.

Une variante est possible en attrapant vos chevilles avec vos mains.

→ À faire 6 fois.

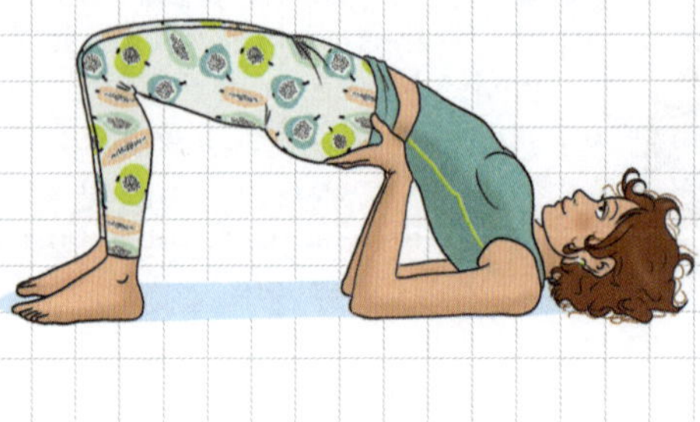

L'enfant

Cette posture clôt la séance en apportant détente et apaisement. À adopter le soir également ou à tout moment de grand stress. Elle soulage le dos et la nuque.

Assise sur vos talons, front au sol, bras le long du corps, mettez-vous en position fœtale. Les cuisses sont légèrement écartées pour dégager l'abdomen et surtout la cage thoracique afin de vous permettre de respirer à pleins poumons.

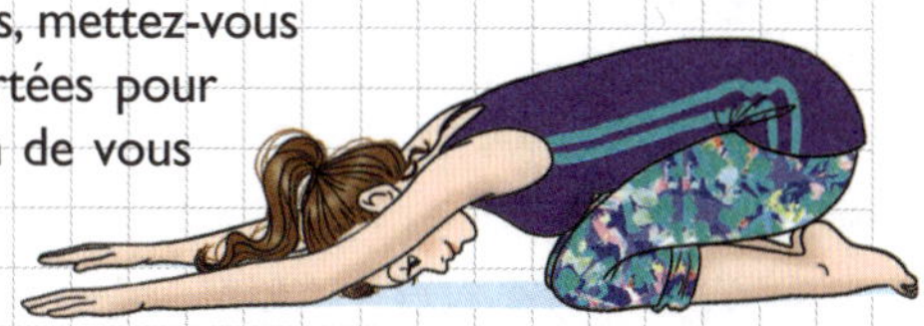

→ À tenir 1 min.

Cette routine yoga antistress deviendra très vite simple à pratiquer au quotidien après ces 2 semaines d'entraînement. Partez du principe que vous ferez ces postures chaque matin ou chaque soir, le temps que cela devienne vraiment une habitude. 2 semaines, ce n'est rien… Mais vous allez vite voir vos progrès… Ne lâchez rien !

Mes astuces anti-tabac

Ce n'est pas parce que vous avez pris la décision d'arrêter le tabac sans l'aide de patchs à la nicotine ou de la cigarette électronique que vous ne pouvez pas vous aider, dans certains moments difficiles, avec des produits naturels comme les huiles essentielles ou l'homéopathie.

Mes huiles essentielles en mode cocktail gagnant !

Les huiles essentielles sont réellement efficaces, tellement efficaces qu'il faut d'ailleurs respecter parfaitement les dosages et ne pas partir du principe que « plus, c'est forcément mieux »… Les huiles essentielles peuvent être extrêmement toxiques à forte dose.! Voici un petit mélange à réaliser soi-même ou à faire réaliser par votre pharmacien.

Dans un flacon neutre et teinté pour la conservation, déposez :

- 10 ml d'huile végétale d'abricot (hydratante et pénétrante), ou toute autre huile végétale que vous appréciez
- 50 gouttes de marjolaine à coquilles (*Origanum majorana*) : elle apaise et permet de mieux gérer le stress à l'arrêt du tabac
- 20 gouttes d'angélique (*Angelica archangelica*) : connue pour son action bénéfique dans la lutte contre les addictions
- 10 gouttes de verveine exotique ou litsée citronnée (*Litsea cubeba*) : elle permet de mieux gérer la sensation de manque
- 20 gouttes d'eucalyptus radié (*Eucalyptus radiata*) : il accélère le nettoyage des voies respiratoires.

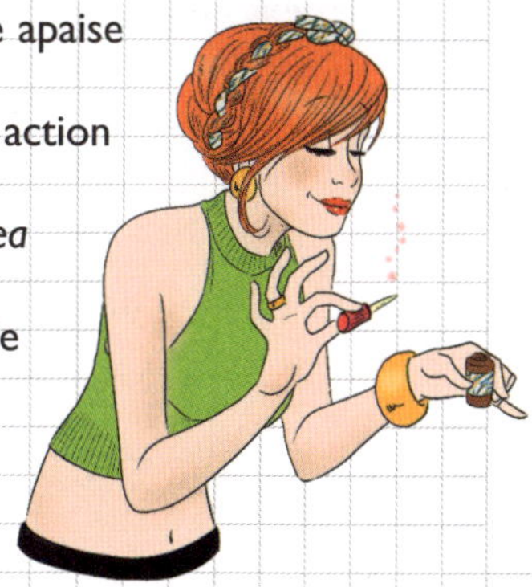

→ Appliquez 2 gouttes sur chaque poignet et humez-en les arômes relaxants dès qu'une envie de fumer apparaît.

L'homéopathie en kit complet anti-tabac

On trouve facilement dans les pharmacies des coffrets créés spécialement pour passer ce moment difficile de l'arrêt du tabac. Il se base sur 5 souches homéopathiques…

- ***NUX VOMICA 5CH***, pour favoriser l'élimination des toxines.
- ***ARGENTUM NITRICUM 9CH***, pour déconditionner la fumeuse et lui éviter de compenser par des sucreries.
- ***CALADIUM 5CH***, pour soulager des troubles liés au sevrage tabagique.
- ***LOBELIA INFLATA 5CH***, pour dégoûter du tabac et aider à la désaccoutumance.
- ***GELSEMIUM 9CH***, pour apaiser la nervosité et calmer les humeurs changeantes

→ Prenez-en 3 granules de chaque 2 à 3 fois par jour, à jeun (30 minutes avant un repas ou 2 heures après).

→ En cas de grosse envie de fumer, on peut faire appel aux granules de *Lobelia inflata* 5CH (tabac indien) : 5 à faire fondre sous la langue pour faire passer l'envie.

Les fleurs de Bach, l'autre cadeau de la nature

Ce sont en réalité des macérations alcooliques de plantes, dits « élixirs floraux », réalisées à partir de 38 espèces de fleurs. Rien à voir avec le compositeur, elles tiennent leur nom d'un médecin homéopathe anglais. Il existe des élixirs tout prêts pour gérer le sevrage tabagique que l'on trouve facilement en pharmacie ou en magasin bio.
On peut, en cas d'irritabilité excessive après plusieurs jours sans tabac, avoir recours à l'***impatiente*** (*Impatiens*), qui apportera calme et sérénité.
Si vous avez peur de craquer lors d'une soirée ou d'un simple café en terrasse à la moindre odeur de tabac, le ***prunier myrobolan*** sera votre allié pour garder votre sang-froid et la maîtrise de soi.

→ Prenez 4 gouttes 6 fois par jour, directement sur la langue ou diluées dans une grande bouteille d'eau (24 gouttes dans une grande bouteille à boire durant la journée). Quelle que soit la voie d'administration, il est important que les prises soient bien réparties sur toute la journée.

Attention aux carences en vitamine C et E !
Les fumeuses sont souvent carencées en vitamine C et E qui jouent un rôle primordial dans la neutralisation des radicaux libres produits lors des processus inflammatoires. Il est temps de faire une cure de vitamines, histoire d'accélérer le processus de nettoyage de votre corps. Choisissez de préférence des vitamines naturelle (en pharmacie ou magasin bio). Après une cure complète de 2 mois avec 2 000 mg par jour de vitamine C et 30 mg de vitamine E pour accompagner votre plan, votre alimentation devrait pallier les carences.

Que faire lorsqu'on « craque » ?

Les causes sont à identifier au plus vite ! Le fait de craquer peut être physique ou psychique, cela peut être dû au manque physique ou la conséquence directe de l'attitude d'une personne de votre entourage. Le moment de l'arrêt a peut-être été mal choisi.

Pour commencer, prenez une feuille et notez toutes les informations relatives à ce moment de faiblesse : lieu, moment, état psychique.

Le fait d'écrire permet déjà d'organiser vos idées et d'y voir plus clair. Cela permet surtout de prendre les mesures qui s'imposent et de rester dans la logique de l'arrêt : « Oui, j'ai fait une erreur, ce n'est pas grave, je vais maintenant tout faire pour que cela ne se reproduise pas. »

« Oui, j'ai craqué parce que cette réunion me stressait mais j'ai d'autres solutions et c'est à moi de prendre les choses en main, en ayant par exemple toujours mes huiles essentielles à portée de main ou en prévoyant toujours 5 minutes de pause avant un moment important pour faire un peu de méditation. »

Si une personne de votre entourage a insisté en vous offrant une cigarette, prenez le temps de lui expliquer qu'elle doit vous aider et respecter votre choix. Ce qui est négatif doit devenir positif et recevoir une réponse active. Vous ne devez jamais subir mais rester maîtresse de la situation.

Chapitre 4

Challenge 4e et 5e semaines

Je ne lâche rien !

Deux semaines sans fumer, vous ne pensiez pas en être capable et pourtant vous y êtes arrivée ! Bravo ! Vous commencez déjà à voir la différence et vous pouvez peut-être ressentir quelques effets secondaires pas forcément très agréables, comme une toux récurrente... Pas d'inquiétude, c'est bon signe ! Vos poumons sont en train de se nettoyer et cela va prendre un peu de temps, mais vous prouve à quel point vous avez eu raison d'arrêter ! Cela durera quelques jours, pas plus, alors ne lâchez rien et continuez de suivre votre plan d'entraînement pour booster le travail de nettoyage de votre organisme.

Au quotidien

On entend souvent dire que le cap des deux premières semaines après le sevrage est difficile à passer côté sommeil. Peut-être est-ce votre cas et que vous ressentez des fatigues inexpliquées... Ne vous inquiétez surtout pas, c'est un phénomène tout à fait normal. Le sevrage de la nicotine engendre forcément un sentiment de manque pour votre cerveau qui se servait de la cigarette comme d'un stimulant artificiel. Il doit maintenant apprendre à se passer de ce genre de stimuli ! Si cela vous concerne, cela ne va durer que quelques jours et le programme de ces deux nouvelles semaines va vous aider à passer le cap !

Agenda Semaine 4	Routine matin (p. 24)	Yoga chaque matin	Running 3 séances	Alimentation	Gainage 4 séances	Massage
LUNDI	❑ Oui	❑ Oui		❑ Test repas vegan	❑ Oui	En cas de stress ou pour se faire du bien
MARDI	❑ Oui	❑ Oui	❑ Oui	❑ Test repas vegan		En cas de stress ou pour se faire du bien
MERCREDI	❑ Oui	❑ Oui		❑ Test repas vegan	❑ Oui	En cas de stress ou pour se faire du bien

Agenda Semaine 4	Routine matin (p. 24)	Yoga chaque matin	Running 3 séances	Alimentation	Gainage 4 séances	Massage
JEUDI	☐ Oui	☐ Oui	☐ Oui	☐ Test repas vegan		En cas de stress ou pour se faire du bien
VENDREDI	☐ Oui	☐ Oui		☐ Test repas vegan	☐ Oui	En cas de stress ou pour se faire du bien
SAMEDI	☐ Oui	☐ Oui	☐ Oui	☐ Test repas vegan		En cas de stress ou pour se faire du bien
DIMANCHE		☐ Oui		☐ Test repas vegan	☐ Oui	En cas de stress ou pour se faire du bien

Agenda Semaine 5	Routine matin (p. 24)	Yoga chaque matin	Running 3 séances	Alimentation	Gainage 4 séances	Massage
LUNDI	☐ Oui	☐ Oui		☐ Test repas vegan	☐ Oui	En cas de stress ou pour se faire du bien
MARDI	☐ Oui	☐ Oui	☐ Oui	☐ Test repas vegan		En cas de stress ou pour se faire du bien
MERCREDI	☐ Oui	☐ Oui		☐ Test repas vegan	☐ Oui	En cas de stress ou pour se faire du bien
JEUDI	☐ Oui	☐ Oui	☐ Oui	☐ Test repas vegan		En cas de stress ou pour se faire du bien
VENDREDI	☐ Oui	☐ Oui		☐ Test repas vegan	☐ Oui	En cas de stress ou pour se faire du bien
SAMEDI	☐ Oui	☐ Oui	☐ Oui	☐ Test repas vegan		En cas de stress ou pour se faire du bien
DIMANCHE	☐ Oui	☐ Oui			☐ Oui	En cas de stress ou pour se faire du bien

Côté training sportif

On franchit encore un niveau avec plus de running, encore plus de fitness et une routine yoga pour vous aider à passer ces deux nouvelles semaines sans tabac.

Côté nutrition

On se lance un nouveau défi : **15 jours d'alimentation végétalienne** (ou vegan) pour faire le plein de vitamines grâce aux fruits et légumes, ce qui vous permettra de vous booster et de lutter contre la fatigue post-arrêt de la cigarette. Que les carnivores ne s'inquiètent pas, ça ne dure que 2 semaines ! Mais cela vous permettra de découvrir de nouveaux goûts et de varier vos assiettes futures.

Côté psy

Vous trouverez enfin **plein de trucs et astuces pour gérer le stress et pour chasser la fatigue** avec des séances de yoga et des automassage à faire chez vous, partout, parce qu'il n'est pas toujours facile de trouver le temps d'aller dans un salon de massage (et aussi parce que ça a un coût !). À la fin de ces 2 semaines, cela fera 1 mois que vous aurez arrêté de fumer ! Il se peut que vous traversiez des moments difficiles avec parfois des sautes d'humeur, pour ne pas dire des colères souvent totalement injustifiées. C'est le sevrage tabagique qui en est la cause, pas vous. C'est pour cela qu'il faut prévenir votre entourage lors de certains jours « noirs ». C'est aussi pour cela que le yoga et les automassages vous sont recommandés : prenez le temps de les réaliser. Il ne faut pas négliger le côté « doudou » de la cigarette, qui occultait certaines émotions et tensions derrière ses vapeurs… Ces tensions vont avoir besoin d'être évacuées d'une autre manière. Un sevrage réussi est un sevrage où l'on n'hésite pas à regarder ses problèmes en face et à rouvrir les portes de son inconscient pour enfin y faire le ménage qui s'impose…

Allez, trois, deux, un, c'est parti !

Et si on parlait budget ?
Eh oui, car fumer a un coût… Arrêter le tabac vous fait donc faire des économies ! Et si c'était le moment de leur donner un sens ? Mettez en place un virement automatique sur un compte d'épargne pour vous offrir votre rêve avec l'argent économisé : une semaine à New York, le sac à main de luxe dont vous rêvez… À vous de le choisir et de vous y tenir ! Ce sera votre plus belle récompense.

Je cours 30 minutes sans m'arrêter et je gagne en aisance !

Ce programme n'a pas pour but de faire de vous une championne d'athlétisme… Juste une fille qui prend plaisir à courir et qui aide son corps à éliminer plus vite le tabac qui a encrassé ses poumons et ses artères. Sans oublier le plus important : vous allez produire naturellement des endorphines qui vont vous aider à passer le cap du sevrage !

Pour ne pas rajouter davantage de stress à l'arrêt du tabac, il n'y a pas de niveau à atteindre : cela se joue uniquement entre vous et votre chrono. Vous ne devez pas non plus vous comparer à vos amies, si certaines courent aussi. C'est pour vous uniquement que vous faites ce challenge, ne l'oubliez pas !

Comment faire pour évaluer mon niveau ?

Avant d'attaquer la suite du plan, il va vous falloir réaliser une séance test qui sera votre « référence » pour les 2 semaines à venir. Elle vous permettra d'évaluer vos progrès, de voir si vous progressez ou si vous stagnez. Ce ne serait pas un problème au demeurant, juste le début d'une réflexion pour voir ce qui cloche. C'est aussi le moment de commencer à noter vos sensations, sur un carnet, un Bullet journal… histoire de voir si certaines séances passent mieux que d'autres. C'est très utile ! Tous les champions le font, et si c'est bon pour eux, c'est idéal pour vous…

Tenir un carnet d'entraînement

De quoi parle-t-on exactement ? Il ne s'agit pas de se contenter de noter des chiffres, même si cela motive de constater les progrès effectués. N'oubliez pas non plus de noter l'heure de la session, cela peut être très intéressant de savoir si vous êtes davantage du soir ou du matin. Fatigue, manque de motivation, jambes lourdes… vous devez tout noter, même les dates de vos règles, car c'est souvent à ce moment-là que l'on prend conscience que le syndrome prémenstruel n'est pas une légende urbaine… Est-ce que cela veut dire qu'il ne faut pas courir ces jours-là ? Non, évidemment ! Soyez juste un peu plus indulgente avec vous-même en acceptant de traverser parfois des jours avec et des jours sans.

Les smileys sont les alliés parfaits de votre diary training : ils indiqueront facilement le temps consacré à votre séance de running et la météo du jour.

Ma séance du...... (date)	Temps passé à courir	Mood du jour ☺ 😐 ☹	Météo ☺ 😐 ☹

En pratique…

Pour chaque séance de running, on continue la routine en commençant par marcher 5 minutes à un rythme soutenu pour s'échauffer.

On court 30 minutes sans s'arrêter à son rythme, avec ou sans musique. Vous pouvez même écouter un audio

livre ou podcaster votre émission de radio préférée pour profiter au maximum du moment. Mais, attention, il va y avoir du changement… Lorsque vous aurez couru 15 minutes, il va falloir accélérer un peu. Vous allez faire ce qu'on appelle dans le jargon « un travail de vitesse », qui n'a pas pour but de vous faire courir plus vite (enfin pas tout de suite !), mais de vous rendre plus à l'aise à votre vitesse actuelle. Il existe deux méthodes, le fractionné et le fartlek.

Fractionné ou fartlek ?

La méthode du fractionné est très simple mais nécessite d'avoir un chrono avec soi. Le principe ? Courir 30 secondes le plus vite possible, puis trottiner 30 secondes pour récupérer. On commence par faire 5 accélérations de suite, puis, lorsqu'on est à l'aise, on augmente à 6 jusqu'à 10.

Ici, **c'est votre propre vitesse qui compte et rien d'autre**. Pourquoi ? Lorsque l'on débute, il vaut mieux oublier le cardio dont on se servait auparavant lors de la marche rapide (voir p. 37) pour être sûre de marcher à une allure « brûle graisse ».
En passant à la course à pied, on n'écoute que ses propres sensations, du moins au début. À la fin de ce programme, vous pourrez réutiliser les données du cardio si vous souhaitez continuer à progresser.

Le fartlek est une approche plus ludique parce qu'on se sert du mobilier urbain ou de la nature qui nous entoure pour s'amuser et se challenger. Concrètement, le fartlek consiste à alterner des phases de sprint en anaérobie (effort intense) et des phases calmes en aérobie (effort modéré)… Pour faire simple alterner des phases d'accélération avec des phases plus lentes.
Vous voyez ce grand arbre à 150 mètres devant vous ? Rejoignez-le en courant le plus vite possible, puis revenez à votre point de départ en trottinant par exemple. Vous pouvez vous servir d'un lampadaire, d'un banc… Peu importe la distance… L'idée est avant tout de varier les allures en vous amusant !

Pensez à vous hydrater pendant vos séances, c'est très important !

Mes séances pas à pas

SEMAINE 4

3 fois par semaine :
5 min de marche rapide
+ 15 min de running
+ 5 accélérations (fractionné ou fartlek) avec retour au calme
+ 15 min de running
+ 5 min de marche.

SEMAINE 5

3 fois par semaine :
5 min de marche rapide
+ 15 min de running
+ 6 accélérations (fractionné ou fartlek) avec retour au calme
+ 15 min de running
+ 5 min de marche.

Pour les plus accros et les plus motivées, vous pouvez envisager 4 séances par semaine : orientez-vous vers un sport porté, comme le vélo ou la natation. Cela vous évitera de vous blesser en voulant trop en faire.

Je teste l'alimentation vegan !

Il ne s'agit pas de vous convaincre d'être vegan à vie ! Dites-vous que 15 jours d'alimentation vegan, c'est possible et, surtout, cela tombe à un moment parfait de votre programme anti-tabac où vous avez besoin de faire le plein de vitamines, d'antioxydants en tout genre, tandis que votre corps est en train d'éliminer tous les éléments nocifs qu'il a accumulés avec la cigarette. Si au bout de cette expérience, vous êtes convaincue que vous pouvez vivre une journée sans viande et sans poisson, ce sera en plus une bonne chose pour la planète et, ne nous mentons pas, pour votre balance aussi !

Protéines animales versus protéines végétales

On a tous besoin de protéines mais il existe de nombreuses sources différentes et pas seulement la viande ! On trouve des protéines végétales parfaites pour nos besoins quotidiens ! La seule différence tient dans la nécessité d'augmenter légèrement les quantités de nourriture pour arriver à la même dose. Pour éviter toute erreur, pouvant ensuite engendrer des carences, il faut revoir le contenu de son assiette et les quantités. Pas d'inquiétude, rien de nouveau sous le soleil… Les fameux régimes crétois ou d'Okinawa sont fondés sur une diminution des protéines animales et une augmentation de la part des végétaux dans l'assiette.

Si vous ne souhaitez pas supprimer tous les apports d'origine animale, consommez quelques œufs (de bonne qualité, donc bio de préférence), par exemple dans une bonne omelette aux fines herbes ou à l'espagnole avec des pommes de terre ou des poivrons, ce qui la transformera en plat complet. Mais quand on sait que les protéines végétales ont un rôle préventif pour presque toutes les maladies, cela vaut la peine de se pencher sur le sujet.

Le but de l'expérience est avant tout de prendre conscience qu'on peut se passer de viande ou de poisson tous les jours, qu'une autre façon de manger est possible en privilégiant la qualité plutôt que la quantité. Avantage non négligeable qu'il faut prendre en compte : avoir arrêté de fumer va vous permettre de retrouver le goût des aliments, des légumes et des fruits frais, que l'on perd sans même s'en rendre compte. Des années de cigarette ont détruit les papilles gustatives qui sont en train de se reconstruire après le sevrage tabagique. Plus la peine de manger gras et salé pour ressentir des sensations, un fruit ou un légume crus ont enfin du goût !

Pour toutes celles qui s'inquiètent des qualités nutritionnelles des protéines végétales, il faut savoir que la solution passe par les associations ! Oui, les céréales sont pauvres en lysine, un acide aminé essentiel, tandis que les légumineuses sont pauvres en méthionine, un autre acide aminé essentiel. Mais il suffit d'associer dans un même plat une céréale et une légumineuse pour se concocter un plat complet équilibré ! C'est la base de l'alimentation de bon nombre de cultures végétariennes : riz et lentilles en Inde, semoule et pois chiches sur le pourtour méditerranéen, haricots rouges et maïs en Amérique du Sud…

Les aliments +++

Pour éliminer encore plus vite les toxiques liés au tabac

- Pâtes complètes (toujours *al dente* !)
- Fruits et légumes frais cuits ou crus avec une préférence pour les betteraves, les épinards et les blettes
- Avoine sous toutes ses formes
- Agrumes, avec le citron en tête

Intérêt : ces aliments favorisent la production de lécithine (indispensable au bon fonctionnement du cerveau, du système nerveux, du système cardio-vasculaire, du foie et de plusieurs autres organes vitaux) et facilitent l'élimination des toxines de l'organisme.

Pour gérer le stress lié au sevrage tabagique

- Céréales complètes (riz, pain, müesli…)
- Graines en tout genre, comme amandes, noix, noisettes pour des grignotages sains
- Lentilles, petits pois, haricots secs
- Avocat
- Banane
- Germe de blé ou levure de bière à rajouter dans vos salades

Intérêt : riches en magnésium et en vitamine B, ces aliments agissent comme anxiolytiques naturels et préservent l'équilibre de l'humeur.

Mon menu type

Petit déjeuner	Déjeuner	Dîner
1 boisson chaude + tartines de pain complet avec beurre d'amandes + 1 fruit frais	1/2 avocat avec le jus d'1 citron sur toast de pain complet + salade de lentilles avec dés de tofu pour celles qui aiment, tomates cerise, persil plat et graines de lin + 1 yaourt soja nature avec sirop d'agave	salade de tomates avec basilic en été OU 1 bol de soupe de légumes en hiver + assiette de couscous avec légumes et pois chiches + 1 compote de pommes avec des noisettes grillées

J'apprends à me masser pour gérer le stress

On connaît toutes les bienfaits du massage pour soulager nos muscles douloureux et les tensions qui ont souvent tendance à se concentrer au niveau de la nuque et du dos. On oublie trop souvent que le massage et l'automassage peuvent aussi agir avec douceur pour soulager notre psychisme et le libérer des soucis et du stress quotidiens. C'est évidemment un besoin impératif en cas d'arrêt du tabac !
Apprendre à se masser, c'est pouvoir agir rapidement lorsque le besoin se fait sentir en apportant une réponse simple et immédiate à un problème (nervosité, tension, douleur), souvent indispensable lors d'un sevrage ! Voici quelques conseils pour se masser seule ou avec des accessoires, que l'on soit chez soi à tout moment ou, plus discrètement, au bureau si le besoin s'en fait sentir.

Avant de commencer tout massage, prenez 1 minute pour respirer profondément.
Une fois que vous aurez appliqué quelques gouttes d'huile sur votre visage, débutez en posant vos mains croisées sur votre poitrine. Puis dessinez des cercles en direction du cœur. Ce premier geste permet d'être attentive à votre respiration, de vous poser et de vous reconnecter à vos sensations.

L'huile essentielle qui me veut du bien…
Pour contrer le stress et diminuer l'anxiété, **l'huile essentielle (HE) de marjolaine des jardins** (aussi nommée « marjolaine à coquilles » ou *Origanum majorana*) est une alliée précieuse : 2 gouttes pures ou mélangées à un peu d'huile végétale, 2 à 3 fois par jour en massage circulaire sur le plexus solaire, font des miracles.

Je masse ma nuque et mes épaules

Massez la base du crâne avec les pouces en effectuant des pressions et des rotations depuis la colonne vertébrale vers l'extérieur.
Massez ensuite de chaque côté de votre nuque avec quatre doigts en faisant des mouvements rotatifs, de haut en bas en terminant par une pression un peu plus forte avant de recommencer le mouvement.
Pincez doucement l'arrière du cou et décollez les muscles de la colonne vertébrale. Terminez en pianotant avec les doigts sur l'arrière du cou.
Effectuez quelques pressions, puis relâchez en massant sur chaque épaule avec la main opposée jusqu'en haut du bras.
Effectuez ensuite des mouvements circulaires sous chaque omoplate en exerçant quelques pressions.

Mes accessoires en + : utilisez si vous le souhaitez une balle à picots pour la nuque, facile à transporter. Le cylindre à picots est pratique pour les épaules. On peut alors se servir d'un mur comme support.

Je malaxe la plante de mes pieds

Appliquez une huile de massage sur le pied en remontant vers le mollet et massez avec les pouces la plante des pieds en partant toujours du talon vers les orteils.
Revenez vers le talon avec la main à plat, en massant légèrement, comme une caresse.
Malaxez ensuite vos orteils en faisant des rotations dans un sens, puis dans l'autre. Prenez enfin le temps de masser les tendons d'Achille (mis à contribution avec la course à pied par ailleurs).

L'idéal est de réaliser ce type de massage après un bain de pieds dans de l'eau tiède, pas trop chaude pour détendre et augmenter les effets bénéfiques du massage à l'huile à venir.

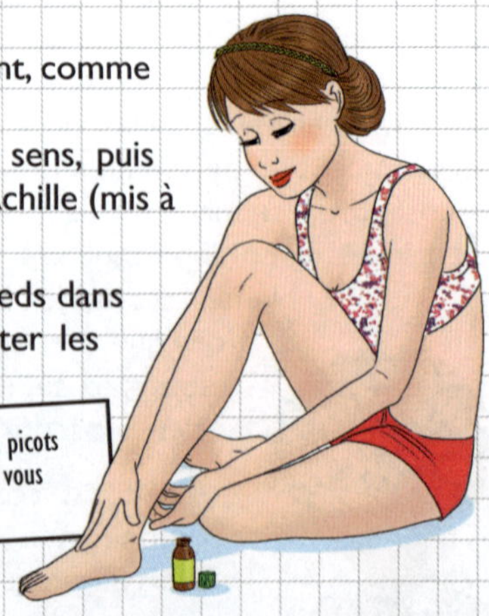

Mes accessoires en + : une balle à picots ou tout simplement une balle de tennis que vous ferez rouler sous le pied.

Je détends mon dos

Plaquez vos mains ouvertes sur le bas du dos après les avoir chauffées en les frottant l'une contre l'autre. Frottez énergiquement dans tous les sens pour chauffer vos muscles et les relâcher. Cela peut se réaliser sur les vêtements si besoin. Ensuite, fermez les poings et tapotez vos lombaires pendant 30 secondes. Cela va relâcher les tensions et chasser les toxines.

Mes accessoires en + : l'automassage des lombaires et du dos dans son ensemble est nettement plus facile avec des accessoires comme la barre de massage ou le roll Pilates que l'on trouve facilement en magasin de sport.

Je chouchoute mes jambes

Se masser les jambes devient une priorité pour éviter les courbatures après l'entraînement, et diminuer ainsi tensions corporelles, douleurs et stress de la vie quotidienne.
Pour masser le fascia lata, siège de tensions importantes (au niveau de la cuisse et qui descend notamment jusqu'à la face externe du genou), placez vos mains sur la partie externe de la cuisse jusqu'à sentir une zone plus dense que les autres.
Massez cette zone en exerçant des pressions profondes jusqu'à sentir un relâchement total du muscle.

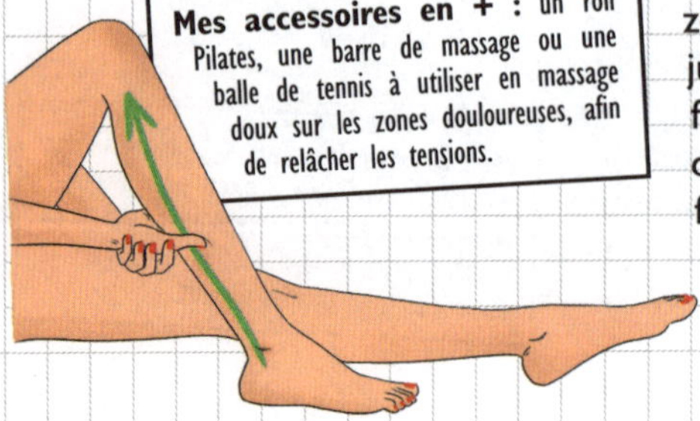

Mes accessoires en + : un roll Pilates, une barre de massage ou une balle de tennis à utiliser en massage doux sur les zones douloureuses, afin de relâcher les tensions.

Pour les mollets, procédez de même : repérez les zones où le muscle semble plus tendu et massez-le jusqu'à ressentir un relâchement total. Ça peut faire un peu mal, c'est normal, ne forcez pas en cherchant à masser trop fort, contentez-vous de faire pénétrer l'huile d'arnica qui a des vertus antidouleurs… Terminez en massant avec les deux mains, tout en formant une pince en partant du talon d'Achille vers le genou.

Mon huile végétale chouchou pour un massage anti-stress et anti-courbatures

Parce que vous n'allez pas avoir à gérer que le stress, la pratique du sport régulière peut engendrer des courbatures et la meilleure arme contre celles-ci reste le massage, à réaliser idéalement avec de **l'huile végétale (HV) d'arnica**, plante réputée pour diminuer les douleurs musculaires.

Pour utiliser une huile végétale à la température parfaite, chauffez-la dans vos mains avant de l'appliquer.

Ma nouvelle routine yoga

L'idée est simple : mettre en place une vraie routine le matin qui deviendra un passage obligé avant votre douche et votre petit déjeuner. L'objectif ? Donner du soleil à votre journée et surtout à vos humeurs, faire le plein d'énergie malgré la fatigue due à l'arrêt de la cigarette et vous mettre en mode positive attitude. Il n'est pas question ici de vous réveiller 2 heures plus tôt ! Pour la plupart d'entre nous, cela relève du défi impossible à relever ! Il s'agit de consacrer seulement 15 minutes montre en main chaque matin à une séance de yoga, ce qui est nettement plus raisonnable !

Durée : 15 minutes
Quand : tous les matins !

La salutation au soleil

Cet enchaînement est un des plus connus dans le yoga. On en a toutes entendu parler au moins une fois, sans forcément savoir à quoi cela correspond et quel en est l'intérêt. Les bienfaits de la salutation au soleil sont pourtant nombreux et très intéressants dans le cadre d'un arrêt du tabac :

- aider à éliminer les toxines ;
- réveiller l'esprit tout en apportant la concentration, le calme et la sérénité dont on a besoin pour affronter la journée ;
- stimuler les organes vitaux et aider à assouplir les articulations ;
- renforcer les muscles.

La séance se pratique de préférence à jeun, le matin, et si vous pouvez la faire face à une fenêtre ouverte, c'est encore mieux ! Un tapis de yoga est plus agréable, mais tout sol confortable fera l'affaire. Attention, ces postures de yoga demandent un peu de pratique, ne vous découragez surtout pas ! L'enchaînement se fera naturellement au bout de quelques jours, sachant qu'on réalise 5 salutations de suite, en les enchaînant après 30 secondes de pose.

La respiration joue un grand rôle, ainsi, les premières fois, prenez votre temps. Mieux vaut 2 ou 3 séries parfaitement réussies les premiers jours que 5 mal faites…

1. Placez-vous debout, les bras le long du corps.
2. Expirez, les mains jointes au niveau de la poitrine.
3. Inspirez et étirez-vous vers le haut et en arrière, bras et jambes tendues.
4. Expirez, penchez-vous en avant et placez les mains de chaque côté des pieds, la tête touchant les genoux.
5. Inspirez, étirez la jambe droite vers l'arrière, genou au sol, en gardant le menton levé.
6. Retenez le souffle, faites une ligne droite avec le corps, hanches parallèles au sol.
7. Expirez, posez les genoux, la poitrine et le front sur le sol tout en soulevant légèrement le bassin (fesses pointées).
8. Inspirez, redressez la tête et la poitrine en gardant le bassin au sol, pieds joints et bras légèrement fléchis.
9. Expirez, soulevez le bassin et poussez la tête en direction des genoux.
10. Inspirez, avancez la jambe droite et placez le pied dans l'alignement des mains, la jambe gauche tendue derrière vous et le menton levé.
11. Expirez, avancez le pied gauche au niveau du pied droit, tendez les jambes et baissez le buste, la tête touchant les genoux.
12. Inspirez, étirez-vous vers le haut et en arrière, bras et jambes tendus.
13. Expirez, placez les bras le long du corps, puis en prière. On change de jambe à chaque cycle.

1
2
3
4
5
6
7
8
9
10
11
12
13

Chapitre 5

Challenge 6e et 7e semaines

Je passe en mode experte !

Après 1 mois d'arrêt du tabac, vous commencez à en ressentir les effets. Vous retrouvez notamment des goûts perdus… Cela signifie que vos terminaisons gustatives ont repoussé. Derrière cette expression un peu barbare, c'est toute votre façon de manger qui en est bouleversée, parce que, avec le vrai goût des aliments, vient le plaisir de manger.

Vos sensations d'essoufflement au moindre effort ne sont plus qu'un lointain souvenir, car les cils bronchiques sur vos poumons eux aussi ont repoussé. Votre fatigue s'estompe, grâce à la pratique sportive, certes, mais aussi au sevrage tabagique en lui-même.

Mais surtout, et c'est le plus important, vous avez la satisfaction d'avoir réussi à ne pas fumer pendant 4 semaines sans interruption, c'était un pari difficile à relever mais vous vous êtes donné les moyens d'atteindre votre objectif.

C'est le moment de vous offrir un petit quelque chose pour vous féliciter de votre premier mois d'abstinence ! Un massage peut être une excellente idée, ou une séance de hammam pour avoir le sentiment de « faire peau neuve ».

Beaucoup d'anciennes fumeuses le disent, le premier mois est le plus dur… Mais il est derrière vous maintenant ! Félicitez-vous ! Il est temps de passer en mode « experte » et de commencer à admirer les résultats de vos efforts.

Je poursuis sur ma lancée !

Maintenant que votre corps est habitué au mode sportif, vous allez pouvoir confirmer les résultats déjà obtenus, et surtout continuer à découvrir de nouvelles activités… ce qui est la vraie originalité de ce programme ! Cela évite de se lasser trop vite, permet d'ouvrir son horizon et de préparer sereinement « l'après-programme ». Vous trouverez ici de nombreuses pistes et saurez, à la fin de ces 2 mois, ce qui vous amuse et vous motive le plus, ce qui est la meilleure façon de tenir dans la durée !

Agenda Semaine 6	Routine matin (p. 24)	Running 3 séances	Alimentation	HIIT 3 séances	Pilates 3 séances	Bien-être (yoga, acupression, massage…)
LUNDI	❑ Oui		❑ Bonnes graisses	❑ Oui	❑ Oui	❑ Oui
MARDI	❑ Oui	❑ Oui : fractionné	❑ Bonnes graisses			❑ Oui
MERCREDI	❑ Oui		❑ Bonnes graisses	❑ Oui	❑ Oui	❑ Oui
JEUDI	❑ Oui	❑ Oui : endurance 45 min	❑ Bonnes graisses			❑ Oui
VENDREDI	❑ Oui		❑ Bonnes graisses	❑ Oui	❑ Oui	❑ Oui
SAMEDI	❑ Oui	❑ Oui : endurance 45 min	❑ Bonnes graisses			❑ Oui
DIMANCHE	❑ Oui		❑ Bonnes graisses			❑ Oui

Agenda Semaine 7	Routine matin (p. 24)	Running 3 séances	Alimentation	HIIT 3 séances	Pilates 3 séances	Bien-être (yoga, acupression, massage…)
LUNDI	❑ Oui	❑ Oui : fractionné	❑ Bonnes graisses			❑ Oui
MARDI	❑ Oui		❑ Bonnes graisses	❑ Oui	❑ Oui	❑ Oui
MERCREDI	❑ Oui	❑ Oui : endurance 45 min	❑ Bonnes graisses			❑ Oui
JEUDI	❑ Oui		❑ Bonnes graisses	❑ Oui	❑ Oui	❑ Oui
VENDREDI	❑ Oui	❑ Oui : endurance 45 min	❑ Bonnes graisses			❑ Oui
SAMEDI	❑ Oui		❑ Bonnes graisses	❑ Oui	❑ Oui	❑ Oui
DIMANCHE	❑ Oui		❑ Bonnes graisses			❑ Oui

Je confirme mes progrès en running !

Côté running, l'idéal est de poursuivre le training des 2 semaines précédentes en rallongeant simplement vos sorties de 5 minutes par semaine. Le but est simple : courir au final 45 minutes à votre rythme, sans vous arrêter.
Chaque semaine, fixez-vous 2 séances de 45 minutes en endurance simple et 1 séance de 30 minutes en fractionné pour continuer à gagner de la vitesse.

Je passe en mode pro du côté renfo

On passe au niveau supérieur en attaquant un programme complet avec corde à sauter à l'échauffement suivie d'une séance de HIIT !
Le HIIT (*High Intensity Interval Training*) est un mode d'entraînement intense mais bref dans la durée afin d'avoir des résultats rapides sans y passer des heures… Il nécessite un système cardio-vasculaire en forme, il faut donc l'aborder après être passé par les 4 semaines de préparation anti-tabac !

Je sélectionne les bonnes graisses

Vous allez déstocker rapidement et dire adieu à vos petits capitons en traquant les mauvaises graisses et en ciblant les aliments riches en fibres et en vitamines.

Je gère le stress avec l'acupression et le Pilates pour ne pas craquer

Là aussi, on passe au niveau supérieur avec de nouveaux conseils pour gérer seule et facilement les petits stress du quotidien qui peuvent entraîner une récidive… Les enchaînements de Pilates ne sont plus seulement une activité antistress, ils deviennent un sport à part entière pour un max de motivation ! Préparez-vous à aller de mieux en mieux !

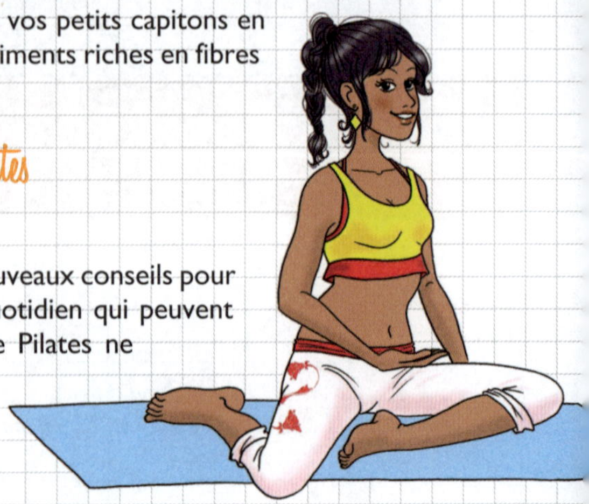

Côté psy

Et si vous craquez pour une cigarette ? Il est essentiel de ne pas se décourager et de reprendre tout de suite les bonnes habitudes ! Prenez le temps d'analyser vos envies et vos écarts, pour mettre en place les contre-mesures qui s'imposent.
Si certains de vos amis vous poussent à craquer à nouveau pour une cigarette (souvent pour se déculpabiliser, eux qui sont incapables de renoncer au tabac), mettez les points sur les « i » en leur disant clairement qu'ils doivent se comporter en vrais amis et vous encourager dans le bon sens. Et n'oubliez pas votre « ange gardien », la personne que vous avez choisie pour vous soutenir moralement (voir p. 21).

Il faut aussi accepter de recevoir de l'aide pour passer un moment difficile. Contactez un tabacologue pour parler de votre stress, de vos inquiétudes sur votre capacité à tenir. Ils sont formés pour cela, et sont aptes à vous donner les bons conseils pour ne pas flancher. Veillez aussi à réécouter régulièrement le message de motivation que vous avez préparé lors de la semaine de préparation (voir p. 21), il est là pour vous rappeler pourquoi vous avez entrepris ce challenge !

Mon training fitness en mode HIIT

Le HIIT, c'est quoi ?

Le principe de l'entraînement HIIT est simple : il consiste à alterner de courtes phases de travail intensif et ciblé avec des phases de récupération, active ou non. Il fonctionne généralement en circuits : on fournit 30 secondes d'effort intense, suivies de 30 secondes de récupération, et entre chaque circuit on récupère 90 secondes. On reproduit le circuit 5 fois de suite, par exemple. Évidemment, il peut vous falloir un peu de temps avant de réussir l'enchaînement dans le temps imparti mais, là aussi, avec de la régularité, les progrès sont rapides et encourageants.

Comment ça marche ?

Cette méthode propose un travail cardio, musculaire et respiratoire intensif en 20 minutes seulement. Il vaut donc mieux être déjà un minimum en forme pour tenir le choc ! C'est pourquoi il est préférable de commencer ce type d'entraînement après une remise en forme globale comme celle proposée dans ce cahier, au risque de blessures ou de difficultés à suivre.

Mon échauffement corde à sauter

La corde à sauter est un excellent moyen de s'échauffer avant une séance de renforcement musculaire. Vous commencerez par une session de 5 minutes en veillant à vous tenir le plus droite possible tout en contractant les abdos. Il ne s'agit pas de sauter haut, les poignets font une partie du travail.

Démarrez par des séquences de 30 secondes en sautant normalement (les deux pieds joints), suivies de 20 secondes de récupération. Dès que vous serez un peu plus à l'aise, sautez sur un seul pied et alternez. L'objectif est de faire monter la fréquence cardiaque avant de vous lancer dans le training proprement dit.

Ce type de séance est intense, alors équipez-vous avec une bonne paire de chaussures de sport et une tenue adéquate, et surtout n'oubliez pas de boire !

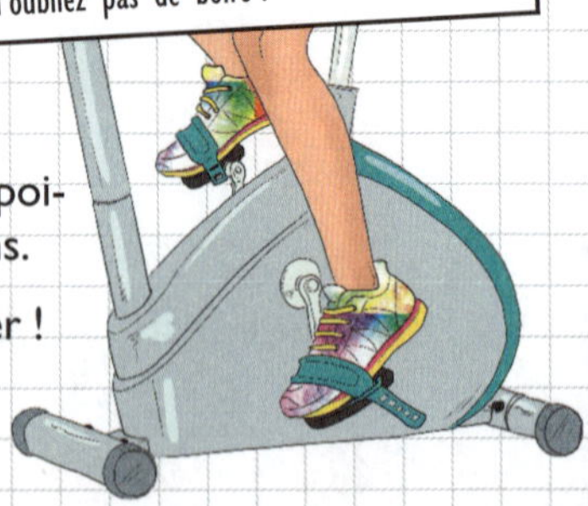

En option

- À la place d'un échauffement avec corde à sauter, vous pouvez faire une séance de vélo d'appartement, par exemple avec 5 minutes de pédalage à un rythme doux : 5 accélérations de 30 secondes avec 30 secondes de récupération et 5 minutes de retour au calme.
- Vous pouvez également enchaîner des rotations des hanches, des poignets, des épaules et des chevilles pour réveiller vos articulations.

Enfin, 10 à 20 squats (voir p. 32) de suite finiront de vous échauffer !

Ma séance HIIT

Durée : 30 minutes
Quand : 3 fois par semaine
Comment ça marche ? Effectuez **le plus rapidement possible ces exercices répétés 15 fois chacun avec 30 s de récup'** entre chaque exercice sur **5 tours de suite, avec 90 s de récup'** entre chaque tour.

1 Pompe contre un mur

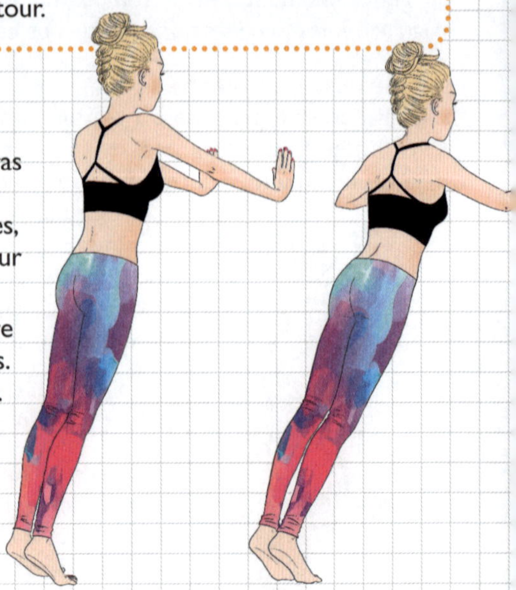

Position de départ : debout face au mur, à un bras de distance du mur, les coudes légèrement fléchis, les pieds et les mains espacés de la largeur des épaules, les mains sont posées à plat contre le mur, à la hauteur des épaules.

Mouvement : laissez tomber lentement votre corps vers l'avant, puis repoussez le mur avec les bras. Gardez la poitrine, les hanches, les fessiers alignés. Le corps doit tomber vers le mur en formant un bloc. Inspirez quand vous allez vers l'avant, expirez quand vous repoussez le mur.

Excellent pour travailler : les pectoraux.

2 Dip (avec chaise ou banc)

Position de départ : dos à la chaise, placez les mains sur l'assise, pouces vers l'avant, jambes repliées en avant, comme si vous étiez assise dans le vide.

Mouvement : pliez vos bras pour descendre vers le sol, puis poussez sur vos bras pour remonter en position initiale à la force de vos triceps.

Excellent pour travailler : les triceps.

3 Squat sumo

Position de départ : jambes bien écartées, au minimum 2 fois la largeur des épaules, pieds légèrement ouverts sur l'extérieur. Le dos est parfaitement droit et gainé.

Mouvement : pliez les genoux en poussant les hanches vers l'arrière. Les cuisses doivent être dans l'alignement des genoux. Vous pouvez corser le mouvement avec un poids de 2 kg dans chaque main pour commencer.

Excellent pour travailler : les fessiers et les cuisses.

4 Élévation latérale fessiers

Position de départ : allongée sur un côté, les jambes tendues l'une au-dessus de l'autre.

Mouvement : relevez la jambe du dessus et redescendez-la lentement, sans qu'elle ne touche la jambe du dessous posée au sol. À réaliser des 2 côtés.

Excellent pour travailler : les fessiers.

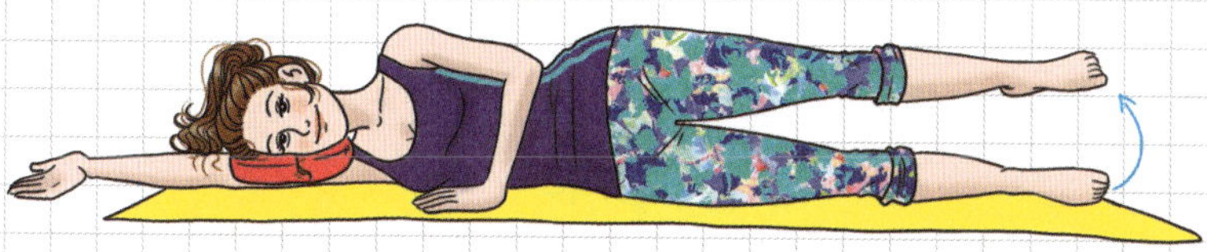

5 Planche latérale

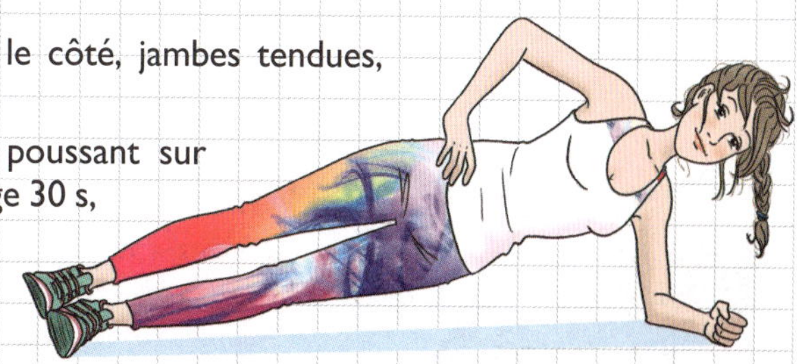

Position de départ : allongée sur le côté, jambes tendues, pieds l'un au-dessus de l'autre.

Mouvement : relevez le buste en poussant sur l'avant-bras et tenez la position en gainage 30 s, puis changez de côté.

Excellent pour travailler : les abdominaux.

6 Superwoman

Position de départ : allongée sur le ventre, bras et jambes tendues, les abdos sont contractés pour protéger le dos.

Mouvement : décollez les bras, les épaules, le buste et les jambes du sol sans cambrer.

Bon pour : les abdos et les lombaires.

Ma récupération post-training

Après l'effort, ne négligez surtout pas la récupération !

- Buvez ! C'est primordial pour limiter les courbatures et éviter les blessures, hydratez-vous pendant mais aussi après l'effort.
- Faites une séance d'étirements. Celle proposée ci-dessous fonctionne aussi très bien après une séance de running. Surtout, allez-y doucement ! Les étirements doivent soulager, non faire souffrir ! Ne forcez pas sur le mouvement, il doit rester naturel.
- Prenez une douche, qui commence chaude et se finit froide, surtout sur les jambes, de haut en bas pour stimuler la circulation et l'élimination naturelle des toxines produites par les muscles.
- Si vous n'avez pas le temps de faire vos étirements, faites-vous un massage express avec une huile à l'arnica, juste après la douche, c'est toujours mieux que rien.

Ma séance d'étirements

La séance peut durer entre 5 et 10 minutes suivant vos besoins.

- **Pour les mollets (triceps suraux)** : face à un banc, une chaise ou une barre (mais pas trop haute, ce n'est pas de la danse classique !), posez le pied droit sur le dossier et tendez les bras vers le ciel, le plus haut possible. Gardez la pose 10 s, puis changez de pied.

- **Pour l'intérieur des cuisses (adducteurs)** : mettez-vous en position accroupie. Dépliez la jambe droite sur le côté, en gardant le pied droit toujours bien à plat. Vous devez sentir que cela tire mais sans vous faire mal. Tenez 10 s et faites la même chose de l'autre côté.

- **Pour l'avant des cuisses (quadriceps)** : debout, les pieds joints, vous montez votre talon droit jusqu'à la fesse et saisissez votre pied (le droit, toujours) avec votre main droite. Tirez votre pied jusqu'à ce que votre talon touche votre fesse. Attention, veillez toujours à ce que votre genou reste collé à votre jambe gauche. Tenez 10 s et changez de jambe.

- **Pour les fessiers :** asseyez-vous en tendant les jambes devant vous. Pliez le genou droit, ramenez-le vers vous et placez votre pied droit par-dessus votre jambe gauche au niveau du genou, voire de la cuisse tendue. Tenez votre jambe pliée avec votre bras opposé. Tournez votre tête à droite pour accentuer l'étirement. Pressez votre genou vers vous pour en sentir tous les bienfaits. Tenez 10 s et changez de jambe.

Nutrition : les bonnes graisses pour s'affûter !

C'est le rêve de chacune : perdre du gras, juste là où il faut. Mais comme il est difficile de le faire sur son corps, il peut s'avérer difficile de l'éliminer de son assiette… Parce que régime équilibré ne veut pas dire régime sans graisse. Le gras, c'est excellent, à condition de choisir le bon !

Mon corps a besoin de graisses…

Il ne faut pas diaboliser les graisses. Si certaines, prises en quantité trop importantes, peuvent être néfastes à notre organisme, ce dernier a un besoin vital de certaines graisses pour bien fonctionner. C'est grâce aux graisses qu'il fabrique les hormones et dispose des vitamines A, D, E et K, souvent mélangées au gras. Au-delà de la santé, il a également été prouvé que l'on mincit plus facilement en mangeant un peu de bonnes graisses plutôt qu'en les éliminant totalement de sa nourriture. Et même le monde sportif a réhabilité les (bonnes) graisses avec le régime paléo par exemple…

Mais pas n'importe lesquelles !

Selon les experts, 30 % de notre alimentation devrait être constituée de graisses, et notre corps aussi.

Il faut toutefois distinguer **les bonnes graisses** (qui apportent des oméga-3, oméga-9 facilement éliminés par l'organisme via la circulation sanguine pour être utilisés par notre organisme et qui sont en plus antidépresseurs, sans oublier leur qualité de boosteurs pour notre métabolisme de base) **des mauvaises graisses** (saturées, oméga-6 et trans qui favorisent l'inflammation et provoquent une élévation sanguine importante du LDL-cholestérol, le fameux « mauvais cholestérol »).

Les mauvaises graisses (saturées) : les graisses animales, les fromages et laitages…

Les bonnes graisses (insaturées) : les huiles végétales de noix, olive, lin, cameline, colza, l'avocat, les amandes et autres oléagineux…

Le souci, c'est qu'elles sont partout…

Et surtout là où on ne les attend pas forcément… Les nutritionnistes estiment que 2/3 des graisses que nous ingérons sont invisibles et très souvent utilisées comme exhausteurs de goût par les industriels de l'agroalimentaire. L'exemple le plus connu est celui du chocolat light, qui est souvent allégé en sucre mais alourdi en gras pour garder sa saveur…

Les équivalences à connaître

10 g de graisse =

- 1 c. à s. de crème fraîche à 30 % de MG
- 1 c. à s. de mayonnaise
- 1 c. à s. d'huile

Alors, je fais comment ?

Les aliments riches en protéines maigres (comme celles que l'on trouve dans la truite, les crevettes ou les légumineuses type lentilles par exemple) ont un effet coupe-faim. De plus, l'organisme doit mobiliser davantage d'énergie pour les digérer qu'il n'en utilise pour digérer les sucres et les graisses. Un double bénéfice !

Mettez le frein sur les mauvaises graisses et ciblez les bonnes !

Je cuisine

La meilleure façon pour éliminer les graisses cachées, c'est de cuisiner soi-même afin de connaître et de contrôler la quantité de graisses que l'on consomme réellement. On privilégie les cuissons vapeur, la poêle antiadhésive et on utilise un spray pour pulvériser la juste quantité d'huile.

Devenez la reine de papillotes au four classique ou au micro-ondes ! Il existe pour ce type de cuisson des boîtes en plastique spécifiques sans bisphénol. Préparez de temps à autre des viandes ou des poissons grillés. On privilégie aussi la cuisson vapeur avec des paniers en bambou, par exemple, super simple à utiliser sur une simple casserole d'eau bouillante.

Viandes et poissons : je vise le moins gras et le plus rassasiant

- Le saumon, à teneur élevée en protéines, contient les fameux oméga-3 bons pour la santé et pour notre ligne (choisissez-le de préférence bio évidemment).
- Le thon possède les mêmes propriétés que le saumon, tout en étant encore plus rassasiant, et ce n'est pas un hasard si on trouve ces deux poissons comme base de la nourriture japonaise.

- La dinde, très peu grasse et la plus rassasiante, peut remplacer le poulet dans bon nombre de préparations.
- Le jambon blanc, mais uniquement de qualité supérieure, à acheter chez son charcutier de préférence.
- Le bacon, qui n'est pas très gras contrairement à ce qu'on pourrait croire. Il remplace facilement les lardons dans les quiches (sans pâte, pour vraiment limiter le gras !).

Recette facile de la quiche sans pâte

Battez 5 œufs avec 5 c. à s. de farine et 50 cl de lait. Rajoutez un peu de gruyère râpé (ou du comté) et du jambon blanc découpé en lamelles, enfin de la muscade, du sel et du poivre. Versez l'appareil dans un moule antiadhésif ou tapissé de papier sulfurisé, puis enfournez à 200 °C (th. 6-7) pour 30 min environ.

Légumes et fruits : je vise les fibres et un max de vitamines

Les fruits et légumes sont riches en fibres qui captent les graisses et qui sucrent naturellement notre alimentation. Les fibres coupent aussi la faim en gonflant dans l'estomac, ralentissent le passage du sucre dans le sang pour limiter les risques d'hypoglycémie et les fringales.

- L'aubergine est une parfaite alliée, à condition évidemment de ne pas la faire frire ! Ses fibres solubles emprisonnent une partie des graisses ingérées, qui sont ainsi naturellement éliminées.
- La carotte, cuite ou râpée, est parfaite avec ses pectines qui en font un puissant coupe-faim, à condition d'avoir la main légère sur la vinaigrette. Crue, on l'assaisonne avec un filet d'huile d'olive et du citron ; cuite, avec un peu de cumin.
- Le brocoli renferme 2 fois plus de vitamine C que l'orange, même après cuisson. Il aide également à brûler le sucre plutôt que de le stocker.
- Les haricots verts, dont les fibres piègent les graisses et ralentissent l'absorption du sucre, coupent la faim grâce à leur forte teneur en protéines.
- La banane, qui, même si elle est plus calorique que la plupart des fruits, possède des propriétés anti-rétention d'eau, anti-fringales et ses fibres captent les graisses ingérées, ce qui en fait la meilleure amie de la sportive.
- La pomme : ses pectines piègent les graisses en formant un gel visqueux dans l'estomac.

Mes astuces antistress : les points d'acupression

Pour passer sans stress le cap de l'arrêt du tabac, l'acupression fait partie des outils faciles à mettre en place puisqu'elle peut se pratiquer soi-même, partout et en toutes circonstances.

L'acupression, qu'est-ce que c'est ?

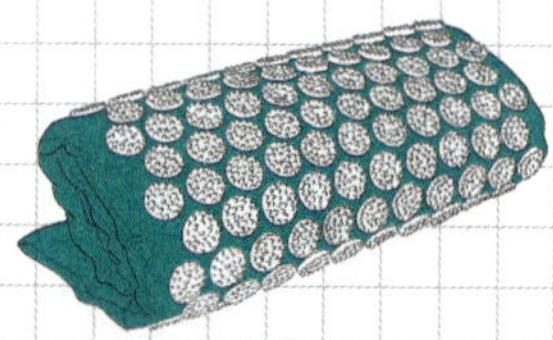

On devrait plutôt parler de « digitopression », puisque cette discipline ne requiert pas d'aiguilles, contrairement à l'acupuncture dont elle s'inspire fortement. En acupression, on stimule des points d'énergie avec un massage et/ou une simple pression des doigts mais au bon endroit !

Si l'on peut pratiquer partout, l'idéal reste quand même de trouver un endroit calme pour être sûre de ne pas être dérangée et pouvoir se concentrer. Respirez calmement, par le nez. Le but n'est pas d'avoir mal, il est donc recommandé d'appuyer doucement sur chaque zone !

1 Le point discret anti-tabac

Technique hyper-facile, et c'est un point magique : votre envie de fumer va s'envoler !

Massez les points d'acupression situés au niveau des ailes du nez, juste au-dessus des narines, en les frictionnant de haut en bas pendant quelques secondes chaque fois que l'envie de fumer vous prend, le temps qu'elle passe. Cela prend généralement quelques secondes seulement.

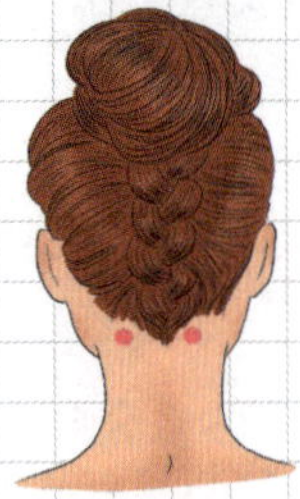

2 Le point du lâcher-prise

Il agit sur le stress, les maux de tête, l'insomnie, l'anxiété… Lui aussi est suffisamment discret pour être pressé au bureau ou dans les transports. À un doigt de la base du crâne à l'extérieur des muscles du cou, on trouve comme un « trou ». Maintenez la pression 2 minutes des 2 côtés en même temps. Efficace si pratiqué tous les jours, comme un traitement de fond.

3 Le point détente du cœur qui bat

Il a une vertu apaisante sur le système nerveux et peut aussi être massé discrètement, à tout moment de la journée. Il se situe sur l'intérieur de votre avant-bras, gauche ou droit, à trois doigts de votre poignet, souvent sous votre bracelet de montre. La pression doit être faite avec votre pouce et doit être ferme. Le massage, lui, doit être circulaire et doux. Après 2 minutes de massage, maintenez la pression jusqu'à sentir à nouveau votre pouls.

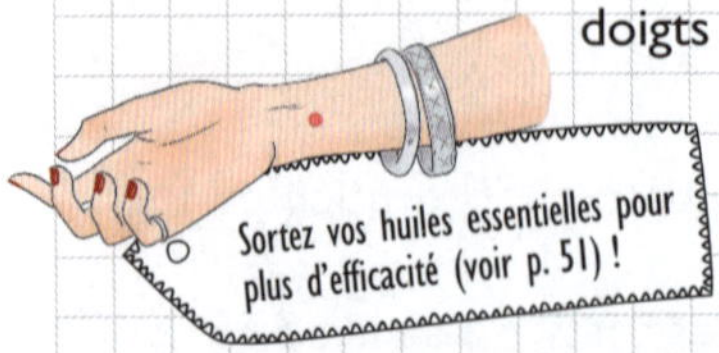

Le Pilate en mode muscu !

Comme toutes vos autres séances, planifiez celle-ci dans votre agenda, c'est la meilleure façon de vous y tenir. Cette séance a pour but de vous faire travailler les abdos, le dos, les fessiers, pour une belle posture et un corps gainé à souhait… C'est parti !

Durée : 15 minutes
Quand : 2 à 3 fois par semaine.

Battement de jambe

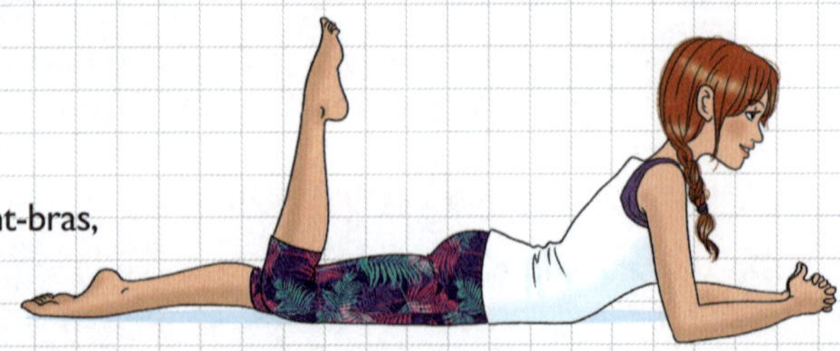

1. Sur le ventre, prenez appui sur les avant-bras, croisez les doigts et écartez légèrement les coudes, colonne vertébrale étirée, jambes jointes, tendues et pieds pointés.
2. À l'inspire, ouvrez la cage thoracique et contractez les fessiers. À l'expire, contractez les abdos et amenez le talon droit vers le milieu de la fesse droite. Faites 2 petits battements en expirant 2 fois. Ramenez ensuite la jambe tendue au sol.

Combien de fois ? 10 fois de suite, 5 fois par jambe.

Nageur

1. Toujours sur le ventre mais jambes et bras tendus. Contractez les fessiers, décollez légèrement la poitrine en veillant à garder la colonne la plus droite possible.
2. À l'inspire, faites 3 battements de bras et de jambes comme si vous nagiez. À l'expire, faites de nouveau 3 battements.

Combien de fois ? 10 fois de suite, sans vous arrêter.

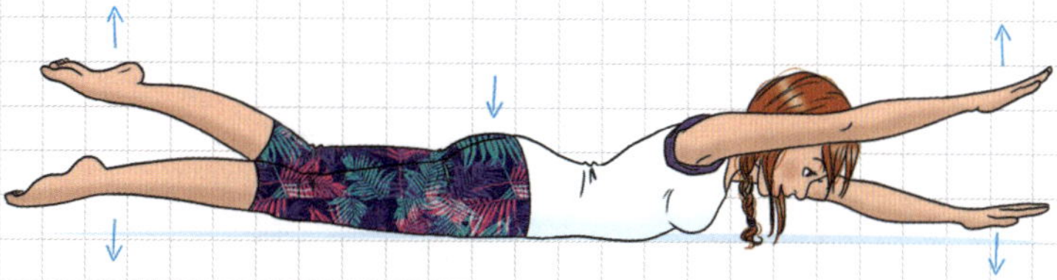

Planche avec élévation de la jambe

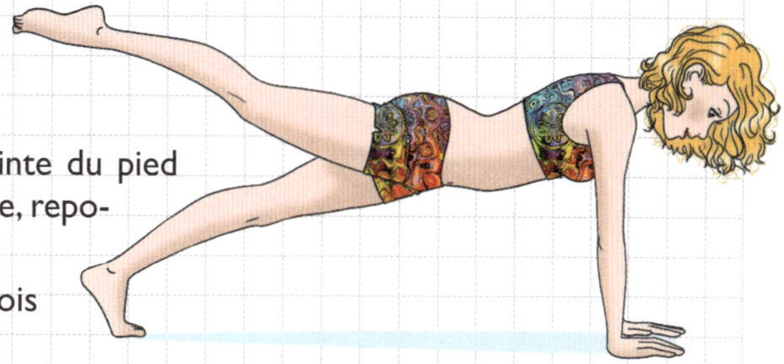

1. En position de pompe avec les bras tendus, regard dirigé vers le sol, abdos et fessiers contractés, dos parfaitement droit en planche.
2. À l'inspire, levez la jambe gauche, pointe du pied tendu à la hauteur de la tête. À l'expire, reposez doucement le pied.

Combien de fois ? 10 fois de suite, 5 fois par jambe.

Pont bras tendus

1. Allongée sur le dos, jambes fléchies et écartées de la largeur du bassin, bras le long du corps, nuque et épaules relâchées.
2. À l'inspire, rentrez le ventre. À l'expire, ventre et périnée contractés, soulevez doucement bassin et lombaires jusqu'aux omoplates. À l'inspire, tendez les bras vers l'arrière. À l'expire, redescendez le dos, à l'inspire suivante, redescendez les bras.

Combien de fois ? 10 fois de suite.

Enroulement en arrière

1. Allongée sur le dos, jambes jointes et tendues vers le haut à 60 degrés du sol, bras le long du corps, paumes au sol, les abdos sont contractés et les pieds tendus vers le ciel.
2. À l'expire, enroulez la colonne et soulevez le bassin pour aller toucher le sol derrière vous avec vos pointes de pieds. À l'inspire, revenez dans la position initiale.
3. À réaliser jambes jointes, puis jambes légèrement écartées en veillant à garder la fluidité du mouvement et sa lenteur. Attention, lorsque vous abaissez vos jambes, à ne pas les laisser tomber, vous devez vous servir de vos abdominaux.

Combien de fois ? 6 fois (3 fois jambes jointes, 3 fois jambes écartées).

Chapitre 6

Challenge 8e semaine

J'intensifie mes trainings !

Vous entamez cette nouvelle semaine sans cigarette mais avec des abdos tout beaux, un souffle nouveau et une peau de pêche… Vous êtes désormais une fit-girl galbée et épanouie qui gravit les marches deux par deux en souriant !

Au quotidien

Le programme de la semaine est simple : poser les bases de votre future vie sans tabac avec tout ce qu'il faut pour ne jamais craquer et trouver chaque jour la motivation de continuer, sans jamais revenir en arrière !

Agenda Semaine 8	Routine matin (p. 24)	Running 3 séances	Alimentation	Pilates	Bien-être (yoga, acupression, astuces anti-tabac, massage…)
LUNDI	❑ Oui		❑ Repas healthy	❑ Oui	❑ Oui
MARDI	❑ Oui	❑ Oui : endurance	❑ Repas healthy		❑ Oui
MERCREDI	❑ Oui		❑ Repas healthy	❑ Oui	❑ Oui
JEUDI	❑ Oui	❑ Oui : fractionné	❑ Repas healthy		❑ Oui
VENDREDI	❑ Oui		❑ Repas healthy	❑ Oui	❑ Oui
SAMEDI	❑ Oui	❑ Oui : challenge 1 heure	❑ Repas healthy		❑ Oui
DIMANCHE	❑ Oui		❑ Repas healthy	❑ Oui	❑ Oui

Côté running

L'objectif est ambitieux mais vous allez y arriver, c'est certain : courir 1 heure sans s'arrêter, quelle que soit la vitesse. La distance importe peu mais l'objectif officieux est celui-ci : vous faire courir 10 km en 60 minutes, et surtout vous faire prendre votre premier dossard en participant à votre prochain grand défi : votre première course officielle !

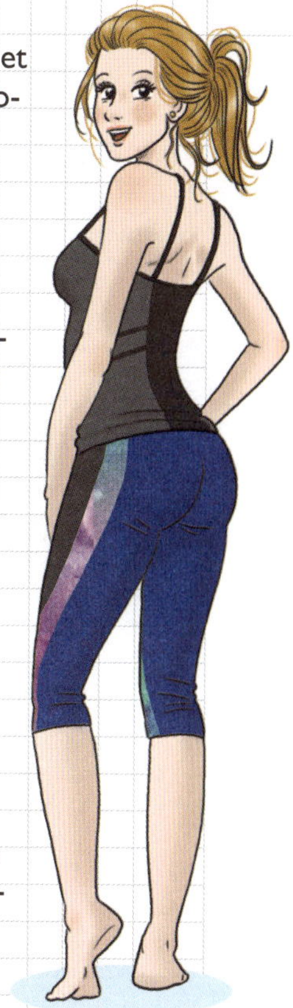

Côté fitness

Vous allez vous concocter des séances complètes, en alternance avec le running qui reste votre principale activité cardio. Cela vous permettra non seulement de progresser côté chrono, mais aussi de voir encore plus rapidement les résultats sur la balance et devant le miroir. Vous verrez vos muscles se dessiner ! Et ne nous mentons pas, être parfaitement musclée et gainée, c'est aussi la garantie de ne pas se blesser en courant et de rester ultra motivée pour se tenir loin de la cigarette

Côté nutrition

Vous avez adopté une alimentation équilibrée. Il s'agit désormais de la rendre compatible avec une vie sociale riche et variée ! On a souvent tendance, les premières semaines de l'arrêt du tabac, à refuser les invitations, histoire de ne pas être tentée. Après un mois et demi, tout cela est derrière vous, vous êtes officiellement une non-fumeuse qui a le droit de s'amuser et de sortir dîner avec ses amis. Mais il ne faut pas pour autant faire n'importe quoi… Pour le dîner comme pour le déjeuner !

Côté psy

Pas question de craquer et de vous relâcher ! Mais la fatigue peut s'installer, conséquence logique de l'arrêt du tabac mais surtout d'une pratique sportive plus intense. Cette semaine encore, la sophrologie et de nombreuses astuces pour rester motivée vont vous aider à passer le cap haut la main. On vous donne tous les bons réflexes pour ne pas replonger. Ces armes seront vos alliées pour les prochaines années…

Running : 1 heure sans s'arrêter !

Le running fait désormais partie de votre quotidien. Il est important de bien suivre les règles afin de pouvoir continuer à progresser sans se blesser et surtout sans être fatiguée. Voici les 3 commandements à toujours respecter.

1. Le repos toujours je respecterai…

Vous devez systématiquement respecter une journée de repos au minimum dans votre programme. Si vous avez besoin pour lutter contre la cigarette de faire du sport tous les jours, ce qui est parfaitement envisageable, l'idéal est de programmer une séance de HIIT, le matin ou à la pause déjeuner, et du running en fin de journée.

Si vous avez le courage, courir le matin avant d'aller travailler est top, et à jeun encore mieux pour perdre du poids, mais ça demande un peu de préparation. Le jour de repos, contentez-vous d'une séance de renforcement musculaire profond avec le Pilates (voir p. 30). Dès que vous vous sentirez en confiance avec l'arrêt du tabac, vous pourrez respecter une journée de repos complet, vraiment indispensable pour éviter de se blesser dans le temps.

2. D'aller trop vite jamais je n'essaierai…

Sprinter pendant toute la séance est la meilleure façon d'enchaîner les points de côté. Pour la vitesse, il y a des séances spécifiques, mais le reste du temps, gardez un rythme naturel : vous devez pouvoir parler sans être essoufflée tout en courant.

3. À boire toujours je penserai…

En dehors du fait que vous risquez une déshydratation, c'est surtout la tendinite qui vous guette… Et qui dit « tendinite » dit « arrêt du sport » et gros risque de craquage du côté de la balance et de la cigarette. Pensez bien à boire 1 à 2 gorgées d'eau toutes les 10 à 15 minutes.

Mon programme de la semaine

SÉANCE 1	SÉANCE 2	SÉANCE 3
Échauffement avec de la marche pendant 5 min + course 5 min à rythme doux pour commencer + 35 min footing + 5 min de retour au calme	Marche 5 min + course 5 min à rythme doux pour commencer + 20 min footing + 10 × 30 s à fond suivies de 30 s de récup' et retour au calme + 10 min de retour au calme	Marche 5 min + 1 h de footing

Il est temps de faire mon bilan !

Mon parcours préféré pour m'entraîner : ....

Mon jour d'entraînement : ....

Ma tenue préférée : ....

Ma power song : ....

Mon temps de course max : ....

Nombre de km max parcourus : ....

La parole de l'expert, Annette Sergent, ancienne athlète de haut niveau reconvertie dans la sophrologie.
La sophrologie, ça marche pour le running aussi !

La visualisation ou méditation active va vous aider à réaliser votre objectif running, à savoir courir 1 heure sans vous arrêter. Installez-vous au calme et visualisez votre parcours préféré. Visualisez votre chrono, les chiffres sur votre montre qui défilent jusqu'à indiquer 60 minutes. Ça y est, vous y êtes, imaginez votre satisfaction et votre fierté ! À l'inspire, gonflez vos poumons avec un sentiment de plénitude et de devoir accompli. À l'expire, soufflez cette énergie vers l'ensemble de votre corps, comme si vous cherchiez à insuffler une onde positive à toutes vos cellules. Vous êtes prête à vous lancer !

Nutrition : j'apprends à gérer mes repas à l'extérieur

Parce qu'on ne peut pas toujours emporter une healthy lunch-box au bureau et parce qu'on va aussi dîner régulièrement chez des amis, la vraie solution pour ne pas prendre de poids dans la durée, c'est d'apprendre à composer ses repas pour enfin sortir sans culpabiliser. Apprenez à reconnaître les aliments qui sont vos vrais amis et surtout à fuir les faux !

L'apéro

Difficile de refuser le verre d'alcool, mais sachez qu'une flûte de champagne représente 120 kcal (130 pour une bière) et qu'une poignée (100 g) de noix de cajou comptent 650 kcal… Vous avez déjà un repas complet sans même avoir commencé le dîner !

Le truc : prenez un seul verre de vin que vous allez faire durer tout le repas – vous pourrez ainsi trinquer avec vos amis – en alternant avec de l'eau pétillante ou plate pour vous réhydrater. Autre astuce, afin de ne pas craquer et vous jeter sur les chips : préparez-vous une collation pré-apéro qui cale et évite les craquages : un œuf dur, une pomme… sucré ou salé, à vous de choisir !

L'entrée

L'idéal est de se passer d'une entrée, mais il n'est pas toujours facile de rester devant son assiette vide alors que les autres se régalent… C'est le moment de faire attention aux faux amis, par exemple les salades qui semblent saines de prime abord mais qui sont en réalité très grasses, comme la célèbre salade César ou la salade de chèvre chaud…

Le truc : si vous aimez les crustacés, foncez sur les crevettes en oubliant la mayonnaise et en les arrosant de citron. Pour les crudités, demandez toujours la sauce à part et n'oubliez pas que même si l'huile d'olive est bonne pour la santé, elle est calorique à souhait ! Alors, inutile de noyer les tomates-mozzarella avec…

Le plat

Oubliez les plats en sauce, que ce soit le poisson ou la viande, tout comme les légumes trop cuits baignant dans une sauce, pires au niveau diététique que des féculents parfaitement cuits…

Le truc : demandez toujours la sauce à part, histoire d'en avoir quand même le goût sans pour autant que votre steak baigne dedans. Choisissez une grillade simple, qui reste la meilleure solution. La galette complète au sarrasin est parfaite d'un point de vue nutritionnel, on l'oublie trop souvent. Foncez vers les restaurants indiens où manger végétarien est très facile ! Au restaurant libanais, on fonce sur le taboulé, les brochettes mais on oublie les falafels. Joker pour le houmous, il est gras mais vous faites du sport alors vous avez le droit !

Sinon, choisissez un poisson grillé, et sans la sauce (l'idéal reste un filet d'huile d'olive et du jus de citron). Évidemment, un grand plateau de fruits de mer, c'est parfait si on n'a pas la main trop lourde sur la mayonnaise…

Le conseil de l'expert, Lucile Woodward, coach sportive
L'exception du cheat meal !
Le cheat meal, ou cheat day, permet d'éviter les frustrations que pourrait susciter une alimentation saine le reste de l'année. C'est le repas que l'on s'accorde une fois par semaine pour compenser un gros stress ou fêter un événement important. Mais rien n'empêche de craquer en limitant la casse avec un burger vegan et des frites de patates douces ou un bagel rempli de bonnes choses après une soupe de légumes en entrée.

Le dessert

Vous vous en doutez, mauvaise idée d'en prendre un… En plus de l'alcool, de l'entrée et du plat principal, c'est l'explosion calorique garantie.

Mon truc perso : je suis un vrai bec sucré et je ne pourrais me passer de pâtisserie toute ma vie… De façon exceptionnelle, je m'offre un repas de desserts : deux gâteaux d'un excellent pâtissier avec un thé sans aucune culpabilité. Et je fais du sport ce jour-là en fin de journée pour compenser et prévois un dîner léger. C'est régressif à souhait et n'a aucun impact sur la balance.

Le truc : on se contente d'une salade de fruits (fruits rouges, ananas, mangue, orange avec une pointe de cannelle) sans sirop ni sorbet (souvent très sucré). Évidemment, si c'est l'anniversaire d'une amie, prenez une petite part de gâteau, vous compenserez le lendemain. Mais l'idéal reste de le zapper au profit d'un café ou d'un thé avec un carré de chocolat noir.

Le conseil de l'expert : Erwann Menthéour, ancien sportif de haut niveau, aujourd'hui coach de remise en forme et spécialiste en nutrition, nous livre ses astuces en fonction des types de restaurants

Pizzeria : préférez une pizza végétarienne, car l'association jambon (protéines), tomate (acide) et pâte à pizza (farine blanche) n'est pas la plus digeste qui soit. On fonce vers les pâtes au pesto plutôt qu'à la bolognaise, un bon minestrone, ou encore un risotto aux asperges ou aux champignons.

Cuisine d'Afrique du Nord : le couscous doit rester végétarien, qu'on le soit ou non.

Japonais : on oublie les sushis pour favoriser les sashimis, sans riz. On complète avec une soupe miso et pourquoi pas une salade d'algues, à essayer absolument. Et on zappe les tempuras qui sont peut-être à base de légumes ou de gambas mais qui n'en restent pas moins des beignets… très gras !

Côté psy : je gère la fatigue et la motivation

Je suis vraiment fatiguée, c'est dû au sport ?

Le fait de vous mettre au sport intensif va vous fatiguer mais le sport n'est pas le seul coupable. L'arrêt du tabac, et plus particulièrement de la nicotine, engendre un phénomène de désintoxication de l'organisme, qui va alors plus travailler qu'à l'accoutumée. C'est naturel et temporaire et cela ne doit pas vous inquiéter. La disparition de la nicotine, avec son côté stimulant, va forcément entraîner une sensation de fatigue. Les scientifiques ont observé que le phénomène durait entre 6 à 10 semaines. Accrochez-vous !

Je me sens parfois déprimée… Difficile de ne pas craquer…

C'est normal ! Le fait de revoir totalement votre mode de vie peut être perturbant. Vous apprenez à gérer de nouvelles situations, vous avez un nouveau rythme de vie et pratiquez davantage de sport… Cela peut perturber en profondeur votre quotidien et votre psychisme. Faire éclore votre « nouvelle personnalité » va demander un peu de temps ! Mais il y a un point qu'il ne faut pas négliger : le tabac, grâce à son effet stimulant, peut aussi camoufler pendant des années un état dépressif antérieur qu'il faudra peut-être traiter pour éviter de replonger dans la cigarette à la première contrariété venue. Soyez rassurée, la pratique du sport est connue pour permettre au cerveau de pallier ces moments de déprime grâce aux endorphines naturelles que vous allez produire. Le running plus particulièrement est plébiscité pour ses vertus sur le moral : on parle même de « running thérapie » et il existe des formations

de psychologues fondées sur la course à pied ou la marche nordique en Allemagne et aux USA ! Vous traversez un moment « down » ? Hop, sautez dans vos baskets, allez prendre l'air et la forme reviendra !

J'ai peur d'avoir perdu ma motivation...

Il est temps de réécouter le texte que vous avez enregistré lors de la première semaine de sevrage (voir p. 21) pour mesurer le chemin parcouru ! Pourquoi ne pas fêter votre réussite en vous offrant un massage, un moment à vous grâce à votre budget cigarettes économisé ? Les premiers effets de votre arrêt sont visibles, que ce soit sur votre santé, votre forme au quotidien, ce n'est pas le moment de tout lâcher. Vous y êtes arrivée, vous l'avez fait, vous pouvez être fière de vous !

Je reprends confiance en moi grâce à la sophro

Suivez cette **mini-relaxation, proposée par Carole Serrat, sophrologue**.

Cet exercice permet de se calmer rapidement dans n'importe quelle situation et aide également à prendre confiance en soi.

Assise sur une chaise, posez les pieds bien à plat et mettez les mains sur les genoux. Inspirez profondément en gonflant le ventre. En inspirant, emplissez-vous de calme et de confiance. Expirez lentement, en vidant l'air des poumons et en rejetant le stress, la fatigue, les doutes et tout votre manque de confiance en vous. Recommencez deux ou trois fois.

Étirez-vous les mains derrière la tête, bras croisés, et tendez tout le corps pendant quelques secondes, puis relâchez complètement les tensions.

Faites cette pause dès que vous en ressentez le besoin, dans les moments de doute ou de perte de confiance.

Mon bain spécial relaxation

Les huiles essentielles peuvent faire d'un simple bain un moment de relaxation ultime qui vous fera oublier l'envie de fumer. L'huile essentielle de lavande ou d'orange douce fait des merveilles. Utilisez un dispersant comme une huile végétale neutre, un gel douche ou mieux un grand verre de lait. Entre 10 et 20 gouttes suffisent pour un bain de 15 minutes environ avec 10 minutes au calme ensuite, emmitouflée dans un peignoir.

En cas de grosse angoisse, les huiles essentielles de marjolaine à coquilles (*Origanum majorana*), de mandarine verte (*Citrus reticulata blanco*) ou encore d'ylang-ylang (*Cananga odorata*) sont très efficaces. Et si vous n'avez pas de baignoire, ça marche aussi très bien en diffusion dans votre salle d'eau : mettez 15 gouttes dans votre diffuseur durant 15 minutes avant de prendre votre douche. Détente et apaisement assurés !

Mes astuces anti-tabac : 12 bons réflexes contre l'envie de fumer

1. Attendez 3 minutes quand l'envie de fumer vient. Elle n'est souvent que temporaire et le simple fait d'attendre quelques instants fait naturellement passer l'envie de tabac.

2. Lavez-vous les dents dès que vous avez envie de fumer… ça marche aussi très bien pour supprimer quasi instantanément les envies de sucre !

3. Ayez toujours des bonbons à la réglisse sur vous (en bâton, ça marche mieux). À défaut, sirotez une tisane du même goût pour ses vertus pectorales (adoucissent les voies respiratoires).

4. Buvez un verre d'eau, une tisane de valériane, par exemple pour ses vertus relaxantes. Et oubliez le café quelques semaines en attendant que le tabac ne soit plus qu'un lointain souvenir, son gout lui est trop souvent associé.

5. Faites chaque jour un exercice de relaxation (voir p. 24, 45 et 84).

6. Remplacez la pause cigarette au bureau par une pause ludique : 5 min de Candy Crush, la lecture d'un article de votre magazine préféré…

7. Allumez une bougie parfumée à base d'huiles essentielles relaxantes comme la bergamote (*Citrus bergamia*) et le petit grain (*Citrus aurantium*).

8. Mettez-vous dans votre bulle de protection. Imaginez que vous êtes dans un cocon, un lieu rassurant, et respirez calmement. Donnez une couleur à votre bulle, faites-en un havre de paix dans lequel vous allez vous réfugier lorsqu'un épisode de stress et une envie de fumer vous assaillent.

9. En cas de coup de blues, appelez votre ami(e) SOS (voir p. 21) si vous ressentez le besoin de parler. Ne restez pas seule et faites-vous aider !

10. Les plantes aussi vous veulent du bien ! Parmi celles qui peuvent aider à passer le cap, le ginseng est très connu pour ses vertus toniques et revitalisantes, indispensables lors de l'arrêt du tabac. On en trouve en gélules dans tous les magasins bio et autres pharmacies.

11. Le clou de girofle fonctionne aussi très bien, même s'il n'est pas toujours facile d'en suçoter discrètement… Mais ses vertus antibactériennes – à un moment où l'on est plus fragile du fait du sevrage – fait des miracles. Hélas, son goût particulier ne plaît pas à tout le monde !

12. Le piment de Cayenne ne fait pas que relever les plats, il aide également au sevrage du tabac en désensibilisant le système respiratoire de cette addiction.

Chapitre 7

Et après ?

Déjà 2 mois que vous avez écrasé votre dernière cigarette et depuis votre vie a totalement changé…

- Vous vous faites du bien… et votre santé et votre peau vous en remercient chaque matin !
- Vous avez redécouvert le plaisir des aliments, et surtout leur goût !
- Vous faites partie d'une nouvelle communauté, celle des sportives qui s'entraident et se soutiennent !
- Vous ressentez une nouvelle vitalité, et avez augmenté vos capacités cardio-musculaires !
- Vous avez de plus en plus d'endurance !
- Vous faites des économies qui vous permettent de préparer un voyage ou de craquer pour cette sublime robe tant désirée.
- Vous n'êtes plus la paria qui passe son temps sur le balcon, hiver comme été, lors des soirées entre amis ou en famille !
- Vous ne sentez plus le tabac froid…
- Vous avez une haleine agréable qui donne envie de vous embrasser !

Vous tenez enfin les rênes de votre vie, il ne faut surtout pas les lâcher et ce petit bilan va vous aider à prendre à vie de bonnes habitudes. Vous avez appris à être à l'écoute de votre corps et de vos pensées, à décrypter le pourquoi et le comment d'une situation qui engendrait irrémédiablement l'envie de fumer.

Ma nouvelle routine bien-être

Votre programme : une routine sportive, nutritionnelle et mentale pour ne jamais replonger :

- Un premier dossard pour marquer officiellement votre entrée dans le monde du running
- Une routine fitness pour continuer à vous affiner
- Une nouvelle façon de vous alimenter facile à mettre en place dans la durée
- Et toujours plus d'astuces pour ne pas craquer et pour poursuivre dans cette nouvelle vie feel good !

Je mets en place ma stratégie « CRÉA »

C pour Changer : vous n'êtes plus la même personne qu'il y a 2 mois… Vous êtes une femme qui a réussi un incroyable pari, ne plus fumer ! Vos nouveaux automatismes ? Prendre vos baskets pour aller courir et sortir votre tapis pour faire votre séance de fitness. La nouvelle « vous » est là !

R pour Remplacer : vous ne lâchez pas vos bonnes habitudes et vous gardez sur vous vos huiles essentielles antistress. En cas de gros stress, vous dégainez vos tubes d'homéopathie et remettez en place vos séances de sophrologie si vous les aviez arrêtées.

É pour Éviter : même au bout de 2 mois de sevrage, un accident peut arriver. Mais il est hors de question de rester cloîtrée chez vous pour ne pas être confrontée à la tentation. L'idéal ? Trouvez votre ange gardien anti-tabac (voir p. 21) qui vous aidera à ne pas craquer au-delà de ces 2 mois.

A pour Anticiper : vous devrez parfois vous justifier vis-à-vis de votre entourage et persévérer dans votre volonté d'arrêter le tabac. Il vous faudra donc avoir toujours une réponse à celles et ceux qui vous tendront leur paquet. La plus efficace ? « Je ne fume plus, merci de respecter ma démarche » : simple, clair et sans appel !

Mon premier dossard pour me challenger !

2 mois déjà que vous êtes devenue une vraie runneuse, vous pouvez dès lors envisager une inscription à une première course ! Le plus compliqué dans cette décision ? Oser se lancer et bien choisir sa course.

La course féminine : une évidence… ou pas !

Avec une distance raisonnable (entre 5 et 10 km maximum), sans stress lié au chrono, certaines n'étant carrément pas chronométrées, ces courses sont parfaites pour débuter sans pression. L'ambiance y est en général très conviviale, sans parler du caractère souvent caritatif qui permet à la fois de passer un bon moment et de faire une bonne action. Mais vous pouvez aussi très bien faire le choix d'une course mixte !

Courir 10 km est plus accessible qu'on ne le pense, et dès que vous serez capable de courir 1 heure sans vous arrêter, vous pouvez tout à fait vous lancer dans l'expérience fun et incroyable du premier dossard.

Il existe aussi toutes les nouvelles courses à thème, type Color Run, qui permettent pour le coup de vraiment dédramatiser la pratique de la première course et de s'amuser tout en courant. Pour les plus audacieuses, une course à obstacles, comme les Mud Day ou Spartan Race, restera un moment inoubliable de dépassement de soi.

Quelques conseils pour vous aider à faire votre choix

- Choisissez un week-end où vous n'avez pas de soirée prévue la veille, comme l'enterrement de vie de jeune fille de votre meilleure amie… ou alors la course fait partie du week-end ! Il faut arriver la plus sereine et reposée possible.

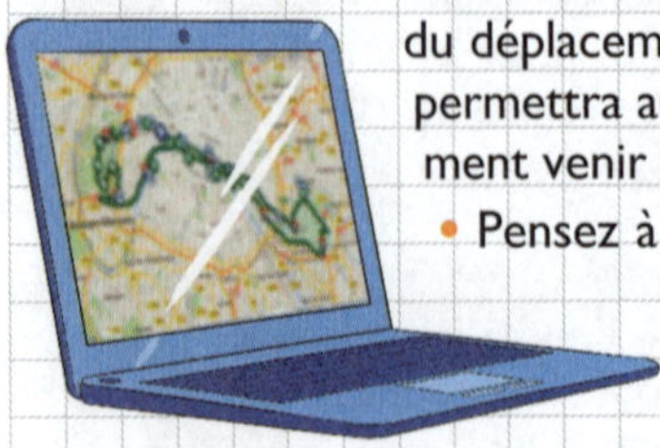

- Évitez de choisir une course éloignée de chez vous, pour limiter la fatigue du déplacement ou bien choisissez un lieu que vous connaissez bien. Cela permettra aussi à tous vos amis et votre entourage de pouvoir plus facilement venir vous encourager.
- Pensez à repérer le parcours, même en voiture ou à vélo. On trouve parfois des vidéos du parcours mis en ligne par les organisateurs, n'hésitez pas à bien vous en imprégner pour vous conditionner.
- Prévoyez un peu de temps la veille pour vous préparer tranquillement. Faites une check-list de tous les préparatifs nécessaires pour ne rien oublier !
- Regardez avant de choisir si votre course offrira bien une belle médaille à l'arrivée, histoire de pouvoir fièrement l'arborer !
- Votre grande inquiétude est de finir dernière ? Regardez la liste des résultats de l'année précédente si la course a déjà été organisée. Cela vous donnera une idée du niveau et vous évitera les mauvaises surprises.

Mon entraînement en vue d'une course

Il existe de nombreuses façons de s'entraîner :

- Seule : en suivant les plans proposés gratuitement par de nombreuses applications, comme celles de Decathlon, Nike ou Adidas. On trouve toutes les distances et tous les niveaux. Certaines vous proposent même des séances à écouter en live avec tous les conseils pour savoir quand accélérer et à quelle vitesse courir.
- En club FFA : ils ne sont pas ouverts uniquement aux pro, contrairement à ce que l'on pourrait penser ! Il existe des sections pour débutantes dans tous les clubs, il suffit de vous renseigner auprès de votre mairie.
- En club privé : aujourd'hui, de nombreuses marques proposent des cours gratuits. Il en est de même pour bon nombre de magasins de running. Renseignez-vous.

Alors que depuis 2 mois seul le temps consacré à vos sessions de course comptait, vous devez maintenant commencer à raisonner en kilomètres pour pouvoir mesurer vos progrès. Que ce soit grâce à votre smartphone ou votre GPS, vous allez suivre vos avancées (et pourquoi pas, les présenter aux autres !). Rien de tel pour se motiver ! Vous êtes devenue une vraie runneuse, il est temps de le montrer !

Courir en toute sécurité
Il existe des applications qui permettent d'être géolocalisée lorsque vous allez courir et même d'envoyer à intervalle régulier des sms pour rassurer vos proches, comme Strava ou ICE GéoAlert par exemple. Parmi les trucs à savoir, vous devez à tout prix éviter d'écouter trop fort votre musique pour ne pas être coupée du monde et avoir conscience du danger, ça vaut aussi pour les voitures ou les vélos !

Partez du principe qu'il faut faire 3 sorties par semaine pour que vos progrès soient visibles. Si courir à chaque fois ne vous motive pas, n'hésitez pas à remplacer de temps en temps une séance par une sortie à vélo ou de la natation. C'est ce qu'on appelle un entraînement croisé, très pratiqué par les runners qui veulent éviter de se blesser. Vous pouvez aussi varier les allures en mode fractionné sur votre vélo en accélérant pendant une minute à fond, suivie de 30 secondes de récupération avant de recommencer (à faire 10 fois de suite au milieu de votre session d'entraînement) afin de progresser et faire travailler votre cardio.

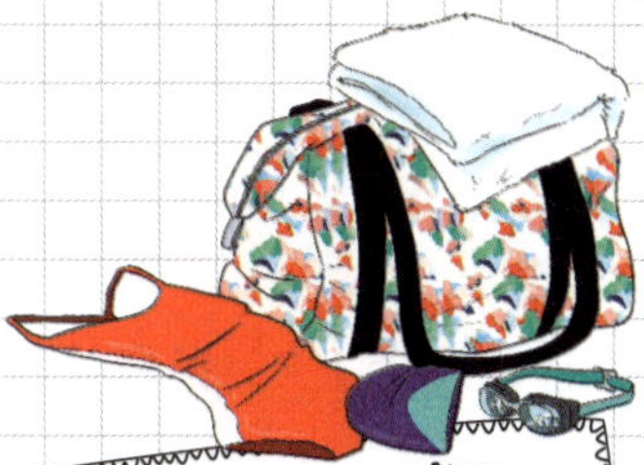

Équivalences à connaître
1 h de running = 1 h 30 de vélo
1 h de natation = 2 h de running

Ma routine fitness pour aller plus loin

Cette routine va vous faire gagner en souplesse et en puissance, mais aussi en sérénité tout en vous permettant de ne pas prendre de poids, voire d'en perdre.

Durée : 1 heure
Quand : 2 à 3 fois par semaine

Ma routine fitness pour m'affûter

Après 2 mois à découvrir différentes facettes du fitness, il est temps de passer aux choses sérieuses avec une routine qui deviendra votre meilleure alliée pour vous affûter ! Avec ou sans accessoire, trois, deux, un… musclez-vous !

Mon circuit complet

Il reprend les principes du HIIT, soit des enchaînements rapides, intenses avec une phase de récupération entre chaque session.
Comptez 30 à 45 minutes max en fonction de votre niveau (sans les échauffements au début et les étirements à la fin). Il est d'ailleurs intéressant de noter votre temps pour voir vos progrès au fil des semaines. Mais, attention, aller trop vite n'a aucun intérêt si l'exercice est mal fait ! Commencez avec des haltères de 2 kg avant de monter progressivement à 4 kg.
Commencez par **quelques mouvements d'échauffement** pour réveiller vos articulations (voir p. 69) durant 5 minutes.

Circuit 1 (à réaliser 2 fois de suite avec 1 à 2 min de récup')
- Planche 1 min
- Squat avec haltères 2 min (voir p. 32)
- Balance side kick 2 min (1 min de chaque côté)
  Debout, on balance la jambe sur le côté, les mains sur les hanches, fessiers et abdos contractés.
- 1 à 2 min de récup' pendant lesquelles vous en profitez pour vous réhydrater !

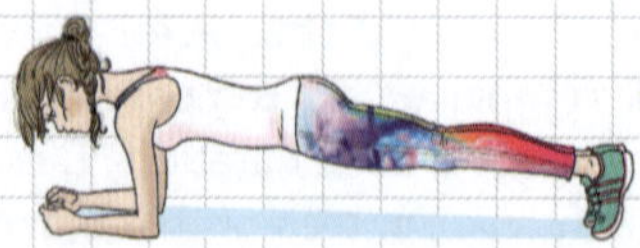

Circuit 2 (à réaliser 2 fois de suite avec 1 à 2 min de récup')
- Balance side kick arrière (30 s de chaque côté)
  Sur le même principe que les balance side kick mais avec une jambe balancée en arrière.
- Extension triceps 2 min (1 min de chaque côté)
  Fente avant, haltère dans une main, bras replié vers l'avant que l'on déplie ensuite vers l'arrière. Le dos doit rester parfaitement droit avec la nuque dans son prolongement. Puis on change de bras. Le bras sans haltère peut prendre appui sur le genou avant.
- Crunch & twist (1 min)
  Allongée sur le dos, jambes repliées, lombaires parfaitement plaquées au sol, pied gauche sur le genou droit, on remonte la tête pour toucher avec les coudes le genou replié. Attention à ne pas tirer sur la nuque !
- 1 à 2 min de récup' pour vous réhydrater !

Circuit 3 (à réaliser 1 fois)
- Planche commando (1 min)
  Départ en planche sur bras tendus, on replie un bras, puis l'autre et on remonte comme pour des pompes. Il faut bien décomposer le mouvement, le nombre ne compte pas, seule l'intensité compte.

- Fentes avant (3 min)

Parfaitement droite, on se grandit avec les mains sur les hanches pour l'équilibre. On avance un pied pour réaliser une fente avant, puis on revient en position initiale.

- Curl (40 répétitions, 20 de chaque).

Parfaitement droite, un haltère dans chaque main, bras collés le long du corps, on plie le bras pour toucher l'épaule avec l'haltère, puis retour en position initiale.

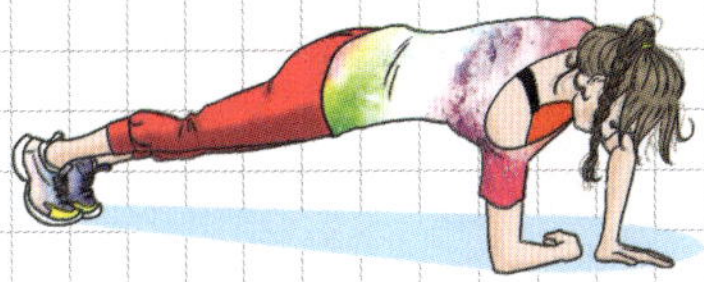

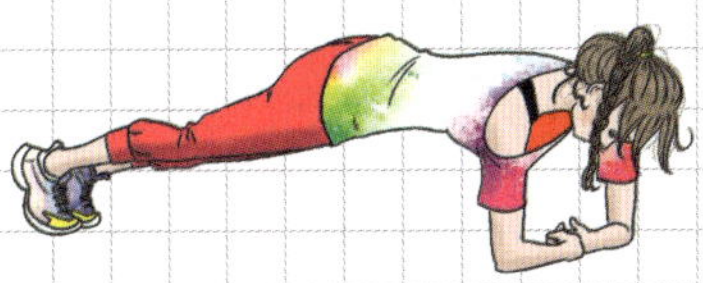

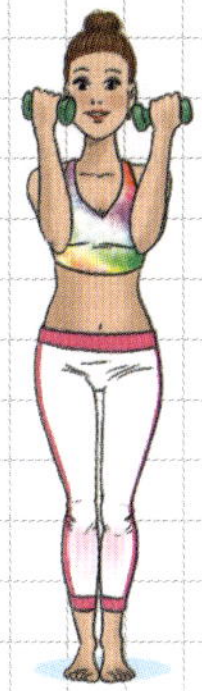

Terminez chaque circuit par **une séance d'étirements** comprenant 4 mouvements de base (voir p. 72).

Et côté nutrition ?

Mon rééquilibrage alimentaire

Parce qu'on ne peut pas être au régime à vie sous peine de craquer et de finir en tête à tête avec son chat, la meilleure façon de s'alimenter est de trouver un juste équilibre entre plaisir et santé. Un des plus célèbres rééquilibrages alimentaires du monde sportif (parce que vous êtes aujourd'hui une sportive, ne l'oubliez jamais !) est le régime acido-basique, parfait pour garder toute l'énergie dont vous avez besoin.

Notre corps s'efforce à longueur de journée de maintenir l'équilibre du pH de nos fluides. Et si vous lui donnez trop de travail, il arrive forcément un moment où il ne peut plus suivre. Notre équilibre est alors perturbé, il est souvent trop acide ou trop alcalin. Mais dans le cas d'une ancienne fumeuse, il est toujours trop acide. Pourquoi ? Parce que la consommation de tabac entraîne un manque d'oxygène pour métaboliser et neutraliser certains acides, alors qu'en même temps le gaz carbonique n'est pas suffisamment éliminé, créant ainsi un environnement acide.

L'idéal est de **maintenir ce régime alimentaire au minimum 3 mois.**

Vous pouvez tester l'acidité ou l'alcalinité de votre corps par le pH de votre urine. Nul besoin d'un médecin pour ça, les fameuses bandelettes sont en vente en pharmacie mais rien ne vous empêche de réaliser le test avec votre généraliste.

Un rééquilibrage, ça consiste en quoi ?

- L'assiette idéale se compose d'une majorité de légumes (50 %), de céréales (35 %) et de protéines animales (15 %).
- Privilégiez les aliments bio et non transformés, mais aussi les épices et autres herbes, championnes de l'équilibre acido-basique.
- Évitez les protéines animales et matières grasses au dîner.
- Buvez 1,5 litre d'eau par jour. Choisissez une eau ayant un pH neutre. Limitez l'apport en sel minéral et chlore (regardez bien la composition de votre eau minérale ! L'idéal : Badoit ou Quézac, riches en bicarbonates qui neutralisent l'acidité).
- Évitez les boissons gazeuses et les sucreries. Si vous craquez de temps en temps, pensez à compenser avec des fruits et des légumes.
- N'hésitez pas à opter pour 1 à 2 journées végétariennes par semaine qui deviendront un peu vos journées détox.
- Privilégiez les céréales complètes !
- Limitez votre apport en produits laitiers, surtout le fromage.
- Tournez-vous vers les huiles essentielles qui peuvent vous aider pour la gestion du stress, qui est lui aussi acidifiant, tout en parfumant votre cuisine !
- Privilégiez des modes de cuisson qui préservent les minéraux. La soupe est idéale pour cela, puisque vous gardez l'eau de cuisson des légumes. Vous pouvez aussi avoir recours au wok, qui saisit rapidement les aliments, surtout les légumes.
- Si votre organisme a été mis à rude épreuve ces dernières années, n'hésitez pas à commencer par une cure de probiotiques pour accélérer le retour à la normale. Votre flore intestinale vous en sera reconnaissante.

Je fonce sur...

Les aliments naturellement alcanisants (qui réduisent l'acidité) :

Les légumes : asperges, betteraves, brocoli, carottes, champignons, concombres, épinards, salades, pommes de terre, haricots verts, persil, poivrons, radis, navets.

Les fruits : agrumes sauf oranges, châtaignes, raisins, tomates mûres, melons, pastèques, bananes, cerises, poires, dattes, figues, avocats.

Les graines : amandes, noix, noix du Brésil, noix de cajou.

Les épices : gingembre, ail, moutarde, curry, cannelle, sel de mer (avec modération).

J'y vais molo sur...

Les aliments acidifiants :

Les viandes et poissons gras : privilégiez la qualité bio avec origine contrôlée et alternez avec les poissons.

Les œufs : choisissez-les d'origine contrôlée et issus de poules élevées en plein air.

Les produits laitiers : essayez de les limiter au maximum.

Les céréales complètes : elles doivent toujours être accompagnées de légumes ou de fruits.

Conclusion

Nous avons passé 2 mois ensemble et aujourd'hui s'ouvre devant vous une nouvelle vie pleine de vitalité et de sérénité. Vous n'êtes plus la femme qui se cache derrière un nuage de fumée… Vous êtes une femme lumineuse, sûre d'elle et qui a réussi l'incroyable pari d'arrêter de fumer seule, sans patch ni cigarette électronique !

« Qui m'aime me suive ! »

Le regard que votre entourage pose sur vous a forcément changé et, comme pour une perte de poids importante, il peut y avoir une période d'adaptation pour chacun. Vous n'êtes plus la bonne copine à qui l'on taxe une cigarette mais êtes devenue celle qui a réussi là où tant d'autres ont échoué… et pour certains, ce n'est pas toujours facile à encaisser. C'est à vous d'exprimer votre côté « leader » et de motiver ceux de votre entourage qui n'y arrivent pas. En devenant vous-même coach de vos ami(e)s, vous trouverez une nouvelle motivation pour tenir et ne surtout pas replonger. Leur proposer un défi tout simple, « une semaine sans cigarette », peut leur suffire à réaliser qu'ils en sont capables. Et vous aurez des potes bienveillants et motivés pour vos sorties running ou vos entraînements fitness !

Je me challenge…

C'est aussi le moment idéal pour vous fixer un défi un peu fou afin de vous récompenser de tout le travail accompli. Laissez libre cours à votre imagination : grimper sans vous arrêter et le plus vite possible au 2e étage de la tour Eiffel, sauter en parachute, partir en randonnée au Mont-Blanc…
Choisissez la date symbolique du premier anniversaire de votre dernière cigarette pour l'organiser, histoire de vous motiver pour les mois prochains, il n'y a rien que tel !

Et si demain je craque ?

On ne peut pas aborder le sujet de l'arrêt du tabac sans aborder celui de la rechute… Cela peut arriver même à la plus forte d'entre nous. Mais à aucun moment il ne faut considérer cela comme un échec et se dire « foutu pour foutu, autant reprendre »… Vous avez appris pendant ces 2 mois que vous pouvez vivre dans tabac et qu'il y a toujours des solutions pratiques à mettre en œuvre pour reprendre le dessus et ne plus craquer. Là encore, commencez par analyser à tête reposée les raisons qui vous ont fait rechuter et mettez en place immédiatement les contre-mesures pour que cela ne se reproduise pas. Alors, oui, vous aurez peut-être pendant des années un flacon d'huile essentielle dans votre sac à main pour vous aider à passer un moment difficile mais ça en vaut vraiment la peine ! Tout ce qui compte, c'est de se relever le plus vite possible, ne l'oubliez jamais.

Carnet d'adresses

Les applis sport

- L'application Kakenji très bien conçue pour débuter et progresser en running avec des plans sur mesure conçus par Philippe Propage, une référence en la matière.
- L'application NIKE pour tous ses training fitness.

Les coachs à suivre

- Erwann Menthéour et sa méthode Fitnext : www.fitnext.com
- Lucile Woodward et son blog : www.lucilewoodward.com
- Sandrine la French Yoga Girl, une prof adepte de la méthode Tara Stiles et toutes ses routines sur YouTube
- Nicolas Aubineau, nutritionniste du sport, une référence en la matière et son site : www.nicolas-aubineau.com
- Carole Serrat, sophrologue, ses vidéos sur YouTube et son site : www.caroleserrat.com

Bibliographie

- *Mon cahier Fitness food,* Élodie Sillaro, éditions Solar, 2017.
- *Mon cahier Pilates,* Soasick Delanoë, éditions Solar, 2017.
- *Run Fast Eat Slow,* Shalane Flanagan et Elyse Kopecky, éditions Amphora, 2017.
- *Yoga pour runner,* Pascal Jover et Bénédicte Opsomer, éditions La Plage, 2017.
- *Automassage avec petit matériel,* Anne Flore Jaulneau, éditions Amphora, 2016.
- *Je cuisine mes assiettes complètes,* Amandine Geers et Olivier Degorce, éditions Terre Vivante, 2014.

Remerciements

Merci aux éditions Solar pour m'avoir fait confiance sur ce projet qui me tenait à cœur et surtout à Juliette Collonge pour sa patience et son travail incroyable à mes côtés.

Merci à la Ligue contre le Cancer pour ces années auprès des bénévoles et des malades, et plus particulièrement à Sylviane Ratte qui m'a donné l'idée de ce livre et au Dr Granat qui, sans s'en douter, a fait rentrer le sport dans ma vie et fait de moi la femme que je suis aujourd'hui.

Merci aux experts que j'ai interrogés et auprès desquels j'ai énormément appris.

Et merci à ma famille pour leur patience et leur « autonomie » pendant la réalisation de ce projet !

MON CAHIER MINCEUR
MON CAHIER MINCEUR
MON CAHIER MINCEUR
MON CAHIER MA GROSSESSE ET MOI
MON CAHIER MON BÉBÉ ET MOI
MON CAHIER VENTRE PLAT SPÉCIAL HOMMES
MON CAHIER VENTRE PLAT
MON CAHIER LA DRAGUE ET MOI
MON CAHIER LE SEXE ET MOI
MON CAHIER 100% ANTI-ÂGE
MON CAHIER DÉTOX
MON CAHIER YOGA
MON CAHIER RUNNING
MON CAHIER ABDOS-FESSIERS
MON CAHIER VEGGIE
MON CAHIER MON DRESSING IDÉAL
MON CAHIER BRÛLE-GRAISSE
MON CAHIER PENSÉE POSITIVE
MON CAHIER ANTI-STRESS
MON CAHIER FORME ET MINCEUR APRÈS BÉBÉ
MON CAHIER RÉGIME PALÉO
MON CAHIER PILATES
MON CAHIER BEAUTÉ
MON CAHIER DIGITAL DÉTOX
MON CAHIER STOP AU SUCRE
MON CAHIER SANS GLUTEN
MON CAHIER FITNESS
MON CAHIER MINCIR AVEC LA MÉDECINE CHINOISE
MON CAHIER YOGA DÉTOX
MON CAHIER AQUAFITNESS
MON CAHIER BEACH BODY
MON CAHIER GREEN DÉTOX
MON CAHIER BODY TRAINING
MON CAHIER RÉGIME TOUT CRU
MON CAHIER MÉDITATION
MON CAHIER HUILES ESSENTIELLES
MON CAHIER FITPUNCH
MON CAHIER MON CHAT & MOI
MON CAHIER RANGEMENT FEEL GOOD
MON CAHIER TRAIL RUNNING
MON CAHIER YOGA MÉDITATION
MON CAHIER SOFT FITNESS
MON CAHIER BODY MINCEUR
MON CAHIER HAIR BEAUTY
MON CAHIER JOLIE PEAU
MON CAHIER FITNESS FOOD
MON CAHIER DANSE PILATES
MON CAHIER HYGGE HAPPY THÉRAPIE
MON CAHIER YOGA SCULPT
MON CAHIER TATOUAGE
MON CAHIER YOGA FLOW
MON CAHIER OBSTACLE TRAINING
MON CAHIER BULLET AGENDA
MON CAHIER MON BULLET AGENDA
MON CAHIER MINCEUR HEALTHY
MON CAHIER MINCEUR ZÉRO SUCRE
MON CAHIER 2018 MY LIFE IS BEAUTIFUL
MON CAHIER 2018 MY LIFE IS GREEN

LES BEAUTIFUL GIRLS,
C'EST TOUTE UNE COMMUNAUTÉ !

Retrouvez plein de bonus, de conseils feel good, des recettes, des trainings, et des actus tendance MADE BY MON CAHIER !

Un lieu rien que pour vous :
http://mylifeisbeautiful.fr/

Une communauté de filles stylées :
VOUS DÉCHIREZ
mylifeisbeautiful.fr mylifeisbeautiful.fr

Direction : Jean-Louis-Hocq
Direction éditoriale : Suyapa Hammje
Édition : Gwladys Greusard
Conception et mise en couleur de la couverture : Stéphanie Brepson
Mise en pages : Nord Compo
Fabrication : Céline Premel-Cabic

ISBN : 978-2-263-15325-9
Code éditeur : S15325
Dépôt légal : février 2018
Imprimé en France par ime by estimprim

HarmonieSolar
harmonie_solar

mylifeisbeautiful.fr
mylifeisbeautiful.fr

Solar | un département **place des éditeurs**

place des éditeurs